Jörg Berger

Stachlige Persönlichkeiten

Wie Sie schwierige Menschen entwaffnen

francke

Über den Autor:

Jörg Berger ist als Diplom-Psychologe und Psychologischer Psychotherapeut in eigener Praxis tätig. Er hat zahlreiche Sachbücher und Zeit-
schriftenartikel veröffentlicht und gehört dem freien Redaktionsteam
der Zeitschrift *family* an. Seit über 15 Jahren begleitet er Betroffene, die
unter schwierigen Menschen leiden, und arbeitet mit Menschen, die
andere als schwierig erleben, an deren belastenden Verhaltensmustern.

Bibliografische Information Der Deutschen Bibliothek
Die Deutsche Bibliothek verzeichnet diese Publikation
in der Deutschen Nationalbibliografie;
detaillierte bibliografische Daten sind im Internet
über http://dnb.ddb.de abrufbar.

5. Auflage 2016
ISBN 978-3-86827-474-5
35037 Marburg an der Lahn
Illustrationen im Innenteil: Thees Carstens
Umschlagbild: © iStockphoto.com / Karpov AG
Umschlaggestaltung: Verlag der Francke-Buchhandlung GmbH /
Sven Gerhardt
Satz: Verlag der Francke-Buchhandlung GmbH
Printed in Czech Republic

www.francke-buch.de

Inhalt

Einleitung

Die Kollegen beobachten aufmerksam, wie sich Lutz durch die Flure des Altenheims bewegt. So spüren sie, was heute auf sie zukommt. Mal eilt er mechanisch zu seinem Ziel, den Blick starr geradeaus, eine Zornesfalte über der Nasenwurzel, auf seinem Kaugummi malmend wie auf einem Stück zähem Fleisch. Besucher weichen Lutz unwillkürlich aus. Kollegen grüßen ironisch oder gehen achselzuckend an ihm vorbei. In dieser Stimmung tritt Lutz auf, als wären nur die Heimbewohner wichtig, die er betreut. Wer ihm entgegentritt und gleiche Rechte einfordert, riskiert einen Zornausbruch. Lutz stößt dann Vorwürfe aus, die so unsachlich sind, dass die Kollegen kaum wissen, was sie darauf antworten sollen.

An anderen Tagen schlendert Lutz durch das Altenheim, eine Hand in der Tasche seiner weißen Hose. Wenn Lutz gedankenverloren am schwarzen Brett steht und die Aushänge studiert, wirkt es, als gelte der Zeitdruck nur für die anderen. Kollegen fällt auf, dass Lutz oft von Zusatzaufgaben verschont wird, weil er so schnell aus dem Gleichgewicht gerät. Lutz steht meist als Letzter von der Frühstückspause auf. Die Kollegen mussten ihn häufig drängen, dass er seinen Beitrag für die Kaffeekasse zahlt.

Trotzdem lässt es sich am besten mit Lutz aushalten, wenn er in einer entspannten Stimmung ist. Er hat dann den Charme eines verwöhnten Jungen.

Weil man mit Lutz schlecht reden kann, redet man über ihn. Die stellvertretende Stationsleiterin offenbart: „Wenn ich alleine mit ihm Dienst habe, gehe ich mit Magenkneifen zur Arbeit. Diese Gereiztheit und Unberechenbarkeit machen mich fertig."

Der Stationsleiter hält dagegen: „Lutz macht einen guten Job. Wenn er mir beim Dienstplanmachen über die Schulter schaut, zeigt er eine Kombinationsgabe, die mich verblüfft. Ich glaube, er ist echt intelligent. Es ist ein Jammer, dass er das dreijährige Examen nie gemacht hat. Man muss ihn zu nehmen wissen, im Grunde ist Lutz echt in Ordnung."

„Wenn du den Sozialarbeiter spielen willst", kontert ein älterer Pfleger, „kannst du das ja tun. Aber wir alle machen einen Teil seiner Arbeit mit. Das weiß jeder und das geht auf Dauer nicht."

Schweres in die Wiege gelegt

Durch schwierige Menschen kommen andere an die Grenzen ihrer Belastbarkeit und Toleranz. Gleichzeitig erahnt man das schwere Schicksal, das sich hinter den unangenehmen Reaktionen verbirgt.

Alleinsein war das vorherrschende Gefühl in der Kindheit von Lutz. Es müssen viele Stunden gewesen sein, die Lutz vor dem Küchenfenster verbracht hat, die Nase an die Scheibe gedrückt, den schmalen Weg zur Tür des Reihenhauses im Blick. Ab und zu wischte er mit dem Ärmel die vom Atem beschlagene Scheibe wieder frei. In jedem einfahrenden Auto, in jedem Schlagen einer Autotür sah Lutz ein Zeichen für die Rückkehr seiner Mutter. In manchen Wochen war es die Tür zum Schlafzimmer, vor der Lutz lauschte. Das Geräusch einer Schublade oder einer Schranktür kündigte an, dass Lutz' Mutter wieder am häuslichen Leben teilnahm.

Lutz' Lieblingsplatz war die Eckbank in der Küche, wo er spielen, aber auch die Mutter im Blick behalten konnte. Der Vater war oft nicht da, verwöhnte Lutz aber mit Geschenken und Ausflügen, als müsste er etwas gutmachen. Dafür erwartete er absolute Rücksichtnahme auf die Mutter. Auf lautes Spiel oder einen Trotzanfall reagierte der Vater mit einer Schärfe, die Lutz tagelang verstörte: „Wenn du brav wärst, würde es der Mama nicht so schlecht gehen."

Solche Erfahrungen entziehen sich der Vorstellungskraft der meisten Menschen. Trotzdem erahnen viele die innere Not, die einem schweren Schicksal entspringt. Das weckt Mitgefühl und Toleranz. Auf der anderen Seite sind die Probleme, die schwierige Persönlichkeiten verursachen, nicht zu verleugnen. Soll man unter jemandem leiden, nur weil er eine schwere Kindheit hatte, und das womöglich jahrelang?

Was uns schwierige Menschen zumuten

Schwierige Menschen haben schwere Erfahrungen gemacht, dafür verdienen sie unser Verständnis. Um ihre Ziele zu erreichen, greifen sie allerdings zu Mitteln, die eine kluge Gegenwehr erfordern. Schützen kann sich nur, wer ungute Verhaltensweisen rechtzeitig bemerkt. Zu diesen gehören vor allem Manipulation, das Verletzen zwischenmenschlicher Spielregeln, Verantwortungsflucht und Täuschung.

> Soll man unter jemandem leiden, nur weil er eine schwere Kindheit hatte, und das womöglich jahrelang?

Manipulation. Unter diesem Begriff lassen sich alle Verhaltensweisen zusammenfassen, die andere auf unfaire Weise beeinflussen: drohen, erpressen, verführen, täuschen, dominieren oder ein schlechtes Gewissen machen. Wer manipuliert wird, lässt geschehen, was er nicht will, oder tut sogar etwas, das er nicht will. Manipulation weckt häufig ein Gefühl von Angst oder Druck, weil es wirkt, als könnte man sich der Beeinflussung eines anderen nicht entziehen.

Verletzung zwischenmenschlicher Spielregeln. Gute Umgangsformen machen das Zusammenleben angenehm und berechenbar. Wir lassen andere ausreden, informieren sie über Dinge, die sie betreffen, versuchen das Geben und Nehmen in einem fairen Gleichgewicht zu halten und gehen mit den Schwächen anderer rücksichtsvoll um. Schwierige Menschen brechen diese Regeln. Das macht das Miteinander unangenehm und unberechenbar. Manchmal sind schwierige Menschen so mit sich selbst beschäftigt, dass sie die Spielregeln aus dem Blick verlieren. Manchmal brechen sie Regeln aber auch bewusst. Sie glauben, nur so zu bekommen, was sie brauchen, und sich nur so schützen zu können.

Verantwortungsflucht. Reife Menschen übernehmen Verantwortung für ihre Aufgaben und für das eigene Leben. Sie leisten ihren Beitrag zum Gelingen von Beziehungen und haben im Blick, wie sich ihr Verhalten auf andere auswirkt. Genau das gelingt schwierigen Menschen oft nicht. Sie entziehen sich anstrengenden Aufgaben, auch wenn sie eindeutig in ihren Verantwortungsbereich fallen. Sie gefährden sich manchmal selbst, indem sie ungesund leben, mit den eigenen Kräften Raubbau treiben oder impulsiv handeln. So geraten wohlmeinende Menschen schnell in eine Elternrolle und versuchen schwierigen Menschen zu helfen, besser mit sich selbst umzugehen. Die Beziehungen schwieriger Menschen funktionieren oft nur, solange andere die Verantwortung für das Gelingen der Beziehung übernehmen.

Täuschung. Wieso kommen schwierige Menschen mit ihren Verhaltensweisen überhaupt durch? Sie müssen andere glauben machen, dass ihr Verhalten nicht so schlimm oder sogar notwendig ist. Daher setzen schwierige Menschen immer auch Täuschungen ein. Sie untertreiben und übertreiben. Sie verleugnen unangenehme Tatsachen. Manchmal lügen sie bewusst, oft sind die Täuschungen aber auch sehr subtil. Wenn ein schwieriger Mensch in einer Situation auftritt, als hätte er ein Recht auf eine bestimmte Sache, glauben andere ihm erst einmal. Viele Situationen im Leben sind mehrdeutig, sodass eine Täuschung nicht immer sofort auffällt.

Mit Lutz habe ich einen Menschen beschrieben, der viele schwierige Verhaltensweisen zeigt. Daher finden wir bei ihm auch alle vier Kategorien schwieriger Verhaltensweisen. Mit seinem grimmigen Auftreten und seinen Wutausbrüchen beeinflusst er seine Kollegen, die in vielen Situationen lieber nachgeben, als sich auf einen Streit einzulassen. Lutz hat bei seinem Verhalten keine manipulative Absicht, dennoch ist die Wirkung seines Verhaltens manipulativ. Lutz bricht außerdem viele Spielregeln des kollegialen Miteinanders, zum Beispiel jene, die besagen, dass die Geräte der Station jedem Mitarbeiter gleichermaßen zustehen und mal der eine, mal der andere warten muss. Auch die Höflichkeitsregeln lässt Lutz fast gänzlich außer Acht. Verantwortung übernimmt Lutz nur für seine Routinetätigkeiten, für vieles andere nicht. Die Verantwortung für eine einigermaßen gedeihliche Kollegenbeziehung liegt ganz bei den anderen. Das Auftreten von Lutz suggeriert, er verhalte sich ganz angemessen und übernehme im gleichen Maß wie andere Verantwortung. Hierin liegt eine Täuschung.

Auf diesem Hintergrund können wir nun genauer beschreiben, was genau den Umgang mit

> Wer nicht zum Opfer schwieriger Menschen werden will, muss sich etwas einfallen lassen.

Lutz schwierig macht. Er übt mehr Einfluss aus als ihm zusteht und bewirkt das mit unfairen Mitteln. Er bricht viele zwischenmenschliche Spielregeln und entzieht sich in vielem seiner Verantwortung. Über all das täuscht er andere hinweg, sodass Kollegen manchmal an ihrer Wahrnehmung zweifeln. Solche Merkmale zeichnen alle schwierigen Menschen aus.

Die Psychologie schwieriger Menschen

Das einführende Beispiel zeigt die Probleme, vor die uns schwierige Menschen stellen. Auch wenn ihr Verhalten offenkundig unangemessen ist, kann man es oft nicht einfach ändern. Wer nicht zum Opfer schwieriger Menschen werden will, muss sich daher etwas einfallen lassen.

> Schwierige Menschen kann man leichter verstehen, wenn man sich die psychologischen Mechanismen bewusst macht, auf denen ihr Verhalten beruht.

Sozial eingestellte Menschen geraten in ein besonderes Dilemma. Muss man nicht gerade schwierige Zeitgenossen tolerieren, in Schutz nehmen und ihnen helfen? Wo aber liegen die Grenzen der eigenen Opferbereitschaft? Und selbst wenn man es gut mit schwierigen Menschen meint: Darf man sie einfach gewähren lassen? Ist man ihnen nicht auch Korrektur schuldig?

Solche Fragen bespreche ich immer wieder mit Betroffenen, die unter einem schwierigen Menschen leiden. Die Begegnung führt sie auf eine Gratwanderung zwischen Mitgefühl und Selbstschutz. Ein solcher Weg kostet Kraft, am Ende haben Betroffene aber auch viel gelernt.

Wenn Sie dieses Buch zur Hand nehmen, haben Sie vermutlich einen schwierigen Menschen in Ihrem Umfeld. Oder Sie haben gerade eine schwierige Begegnung durchgestanden, würden diese gerne besser verstehen und in ähnlichen Situationen besser vorbereitet sein. Das Buch wird Ihnen dabei helfen.

> Tiere verfügen in Stresssituationen über drei Verhaltensmuster: Sie kämpfen, fliehen oder unterwerfen sich. Dieses Grundmuster findet sich auch bei Menschen.

Schwierige Menschen kann man leichter verstehen, wenn man sich die psychologischen

Mechanismen bewusst macht, auf denen ihr Verhalten beruht. Dann finden sich auch Ansatzpunkte, wie man am besten mit ihnen umgeht. Als Psychologe habe ich mich lange mit komplizierten Persönlichkeitsmodellen geplagt. Vor einem Lehrbuch sitzend, überblickt man zur Not auch ein kompliziertes Modell. Aber in der Praxis muss man schnell reagieren, dann lechzt das Gehirn nach Einfachheit. Inzwischen gibt es einfache Modelle, die trotzdem der Vielfalt unterschiedlicher Persönlichkeiten gerecht werden.

Ein Modell aus der biologischen Psychologie verschafft uns eine erste Orientierung über schwierige Verhaltensweisen. Es wird in der kognitiven Verhaltenstherapie und in der Schematherapie angewandt, ist unter anderen Begriffen aber auch in tiefenpsychologischen Ansätzen zu finden.

Tiere verfügen in Stresssituationen über drei Verhaltensmuster: Sie kämpfen, fliehen oder unterwerfen sich. Dieses Grundmuster findet sich auch bei Menschen. Unter Stress verhalten sich viele Menschen kämpferisch und aggressiv. Wenn sie sich nicht stark genug fühlen, täuschen sie und setzen subtilere Kampfmittel ein. Andere reagieren unter Stress mit Rückzug und Vermeidung, was der Flucht im Tierreich entspricht. Unterwerfungsreaktionen zeigen sich bei Menschen, wenn diese in eine Opferrolle gehen oder kindliche Verhaltensweisen zeigen, die bei anderen einen Fürsorgeinstinkt wecken.

In der Regel machen uns aggressive Verhaltensweisen am meisten zu schaffen. Daher gehören die meisten schwierigen Verhaltensweisen, die in diesem Buch beschrieben sind, dieser Kategorie an: Grenzverletzer, Blender, Einschüchterer, Abwerter und Rächer. Aber auch Vermeidungsverhalten kann anderen Probleme bereiten. Deshalb ist auch dieser Verhaltensweise ein Kapitel gewidmet. Schließlich befasst sich ein Kapitel mit Menschen, die in Stresssituationen eine kindliche Rolle einnehmen. Entsprechend den Problemen, die sie verursachen, habe ich sie Energieräuber genannt.

Der folgende Überblick zeigt genauer, für welche Verhaltensweisen die einzelnen Typen stehen.

Grenzüberschreiter meinen es eigentlich gut. Sie bemerken aber nicht, wenn ihre Bedürfnisse nicht im Einklang mit den Bedürfnissen ihrer Mitmenschen sind. Daher gehen sie oft zu weit. Sie überschreiten die Grenzen anderer. Manchmal dringen sie in die Privatsphäre ein. Sie erheben Anspruch auf das Eigentum, das Wissen und die Hilfe anderer. Gegenüber Zurückweisung sind sie sehr empfindsam. Dann kann aus der  vereinnahmenden Umarmung ein Schwitzkasten werden, aus dem Betroffene erst entlassen werden, wenn sie den Wünschen von Grenzverletzern nachgeben.

Blender sind Meister der Selbstdarstellung. Sie vermitteln ein Bild von sich, das andere anzieht und Hoffnungen weckt. So gewinnen sie die Aufmerksamkeit anderer Menschen. Ihre Projekte finden Unterstützung. Sie ergattern gute Jobs und angesehene Ehrenämter. Doch wer hinter die Kulisse blickt, entdeckt eine enttäuschende Kehrseite. Was Blender als herausragend verkauft haben, ist in Wahrheit mittelmäßig. Ihre persön-  lichen oder fachlichen Mängel sind so groß, dass man es nicht glauben will. Am liebsten würde man an der schönen Fassade rütteln und sie zum Einstürzen bringen. Solche Versuche beschwören aber einen gewieften Illusionisten herauf, der andere Dinge sehen lässt, die es nicht gibt, und zum Verschwinden bringt, was andere nicht sehen sollen.

Einschüchterer mögen nicht, wenn sich ihnen jemand in den Weg stellt. Ihre Furcht einflößende Körpersprache, ihre Lautstärke, ihre groben Worte, ihre Drohungen und Machtdemonstrationen lösen bei anderen Angst aus. Die meisten Menschen scheuen den Konflikt und machen den Weg frei. Aber dankbar macht  Einschüchterer das Nachgeben nicht. Im Gegenteil, wen sie als schwach wahrnehmen, dessen Rechte übergehen sie immer selbstverständlicher.

Abwerter machen sich selbst zum Maß der Dinge. Ihr Geschmack, ihre Vorlieben, ihre Kenntnisse und Fähigkeiten sind die Messlatte, die sie an andere Menschen anlegen. Sie fällen negative Urteile über andere und sprechen sie in einer Weise aus, die jedes Taktgefühl vermissen lässt. Dadurch greifen sie das Selbstwertgefühl anderer an. Betroffene brauchen manchmal Tage, um sich von abwertenden und kränkenden Worten zu erholen. Wenn Abwerter ihr negatives Urteil öffentlich aussprechen, stehen Betroffene vor einer schwierigen Frage. Sollen sie um ihr Ansehen kämpfen, auf die Gefahr hin, von anderen als empfindlich, eitel oder kritikunfähig gesehen zu werden?

Rächer begleichen offene Rechnungen. Sie tragen es nach, wenn sich jemand auf ihre Kosten durchsetzt. Sie sammeln Groll an, wenn sie sich in ihren Rechten übergangen fühlen. Dann warten sie auf den richtigen Moment. Sie verletzen durch Worte, die wunde Punkte treffen. Durch Tratsch schaden sie dem Ruf anderer. Sie verursachen Pannen, verbummeln wichtige Anliegen und verhindern so, dass ein anderer seine Ziele erreicht. Dabei tarnen sie die Vergeltung als Versehen oder Zufall. Ihre Motive verbergen sie hinter fadenscheinigen Begründungen. Dennoch erfassen Betroffene intuitiv die Botschaft: „Leg dich besser nicht mehr mit mir an!"

Vermeider ziehen sich zurück, wenn sie sich unsicher fühlen. Ihnen erscheint das Leben als gefährlich. Sie verweigern sich Aufgaben, die ihnen Angst machen. Aus diesem Grund entziehen sie sich auch manchen Verpflichtungen und enthalten anderen vor, was in Beziehungen selbstverständlich ist, zum Beispiel das offene Gespräch auch über schwierige Themen oder Hilfe auch bei unangenehmen Dingen. Betroffene fühlen sich von Vermeidern oft im Stich gelassen. Wer Vermeidern nahe sein will, muss sich in deren Schneckenhaus zwängen. Dort kann man sich geborgen, aber auch sehr eingeengt fühlen.

Energieräuber suchen Elternfiguren. Die Kompliziertheit der Welt überfordert sie, die Härte des Lebens setzt ihnen zu, Entscheidungen machen ihnen Angst. Eigentlich bräuchten sie noch eine Mama oder einen Papa, die sie durchs Leben geleiten und ihnen beibringen, wie man Herausforderungen bewältigt. Wer Energieräubern beisteht, merkt bald: Die Hilfe reicht nicht aus. So pendeln Helfer zwischen Selbstüberforderung, wenn sie zu viel geben, und einem schlechten Gewissen, wenn sie weniger geben. Manche macht die große Bedürftigkeit von Energieräubern auch ärgerlich.

Typen und Wirklichkeit

Schwierige Verhaltensweisen lassen sich am einfachsten beschreiben, wenn man von unterschiedlichen Typen schwieriger Menschen ausgeht. So gehen alle mir bekannten Ratgeber zum Thema vor. Selbst die wissenschaftliche Psychologie bildet Typen, wie etwa eine zwanghafte Persönlichkeitsstörung oder eine ängstlich-vermeidende Persönlichkeitsstörung. Psychologen nehmen damit allerdings einige Probleme in Kauf. Denn erstens gibt es solche Idealtypen in der Wirklichkeit kaum. Selbst wenn man die wissenschaftlich anerkannten Typen überprüft, stellt man fest: Reine Typen kommen in der Wirklichkeit kaum vor, es gibt fast nur Mischtypen oder Menschen, die mehreren Typen zugleich zuzuordnen sind.

Außerdem beinhaltet jeder Typ eine negative Wertung. Wer will schon als zwanghaft gelten oder gar als narzisstisch oder paranoid? Auch in der Ratgeberliteratur über schwierige Menschen finden sich negative Begriffe wie emotionale Vampire oder Nervensägen. Auch wenn ich mich bemüht habe, die Bezeichnungen möglichst neutral zu wählen, sind sie trotzdem nicht schmeichelhaft.

Schwierige Verhaltensweisen lassen sich am einfachsten beschreiben, wenn man von unterschiedlichen Typen schwieriger Menschen ausgeht.

Warum halten Fachleute dann überhaupt an Typen fest? Dies ist hauptsächlich unserem Gehirn geschuldet. Unsere bewusste Aufmerksamkeit kann nur eine begrenzte Anzahl von Aspekten im Blick

behalten. Komplexität verwirrt uns irgendwann. Wir sind auf Vereinfachung angewiesen. Solche Vereinfachungen nennt die Wissenschaft
Modelle. Sie bilden eine komplexe Wirklichkeit in vereinfachter Form
ab, und zwar so, dass wir auf dieser Grundlage gute Entscheidung
treffen können. Dazu dienen auch die Typen in diesem Buch. Sie verschaffen einen Durchblick in komplizierten Situationen und führen zu
Lösungen, die sowohl Ihnen als auch einem schwierigen Menschen
gerecht werden.

Was das Problem der Wertschätzung angeht, habe ich einen Kompromiss gesucht. In kurzen Fallbeispielen begegnen Ihnen Typen,
die nerven oder erschrecken. Ihre negativen Eigenschaften treten un-
geschminkt zutage. Meiner Erfahrung nach hilft es sehr, wenn das
schlimme Verhalten anderer benannt werden darf, ohne es gleich
zu entschuldigen. In längeren Fallbeispielen treten die indivi-
duellen Züge eines schwierigen Menschen deutlicher zu Tage.
So entstehen Mitgefühl und vielleicht sogar Sympathie für
Menschen, die anderen das Le-

> Reine Typen kommen in der Wirklichkeit kaum vor, es gibt fast nur Mischtypen oder Menschen, die mehreren Typen zugleich zuzuordnen sind.

ben schwer machen. Die Fallbeispiele sind natürlich anonymisiert,
verfremdet und manchmal aus mehreren, ähnlich gelagerten Fällen
zusammengesetzt.

Die Vereinfachung kommt auch meiner Aufgabe als Autor entgegen.
Das kurze „Blender ..." liest sich einfach besser als „Menschen, die
häufig Täuschung als Schutzmechanismus einsetzen ...". Handelnde
Personen fesseln uns außerdem mehr als psychologische Gesetzmä-
ßigkeiten. So stellen sich die Typen auch in den Dienst einer hoffent-
lich spannenden Lektüre.

Dass die deutsche Sprache zuerst an Männer denken lässt, fällt bei
unserem Thema vielleicht nicht so ins Gewicht. Sollen die Männer
doch tapfer sein und die menschlichen Abgründe zuerst am eigenen
Geschlecht entdecken. Trotzdem möchte ich natürlich auch weibliche
Vertreter schwieriger Menschen in den Blick nehmen. Häufig schreibe
ich daher in der Mehrzahl, die eher beide Geschlechter anspricht als
die Einzahl. Gelegentlich nenne ich beide Geschlechter ausdrücklich.
In den Fallbeispielen kommen Frauen ohnehin vor.

Nun wünsche ich Ihnen eine anregende Lektüre und positive, befrei-ende Erfahrung mit „Ihren" schwierigen Menschen. Wie übrigens der Altenpfleger Lutz einzuschätzen ist und wie sein Team reagiert, werden Sie noch erfahren.

Grenzüberschreiter

Grenzüberschreiter konfrontieren Sie mit Übergriffen. Sie regieren in Ihre Entscheidungen hinein, verfügen über Ihre Arbeitsmittel und Ihr Eigentum. Manchmal dringen sie sogar in Ihre Privatsphäre vor. Das geschieht mitunter so liebenswürdig und selbstverständlich, dass man Grenzüberschreiter gewähren lässt. Wer seine Grenzen verteidigen will, wird unversehens in einen zähen Stellungskrieg verwickelt.

Die Probleme mit Grenzüberschreitern entstehen meist in einem schleichenden Prozess, wie die beiden folgenden Fallbeispiele zeigen.

Alfons ist mit seiner Familie in das benachbarte Reihenhaus eingezogen. Schon kurz darauf fragt er, ob er sich den Rasenmäher ausleihen darf. Später bittet er die Nachbarn, für zwei Tage seine Katzen zu füttern. Alfons ist seinerseits großzügig. Er reicht Grillwürstchen über den Zaun und stellt die Mülltonne von Vera und Mark gleich mit auf die Straße. Das Ehepaar ist unangenehm berührt, kann aber nicht richtig greifen, was sie stört. Ist das nicht ganz normale Hilfsbereitschaft unter Nachbarn? Als Alfons aber um ihr Auto bittet – seines sei in der Werkstatt und die Tochter müsse dringend zum Arzt – wird es Mark zu viel. „Ich habe heute einen wichtigen Termin", behauptet Mark und schämt sich im gleichen Moment für die Notlüge. Warum kann er Alfons nicht einfach offen sagen, dass er jemandem, den er kaum kennt, sein Auto nicht leihen will? Die Antwort findet Mark, als Alfons seine Hecken schneidet und das Buchsbäumchen im Vorgarten seiner Nachbarn schnell mitschneiden will. „Nein, danke, das mache ich selbst", entfährt es Mark in einem ärgerlichen Tonfall. „Schon gut, schon gut", beschwichtigt Alfons. „Jeder hat ja so seine eigene Philosophie, wie er seine Büsche schneidet." Zwei Tage lang grüßt Alfons nicht und Mark überlegt sich, ob er sich entschuldigen muss. Vera und Mark bemühen sich, wenigstens zu Alfons' Frau nett zu sein und bald entspannt sich das Verhältnis wieder. Es vergeht aber keine Woche ohne eine weitere unangenehme Situation: Einmal steht Alfons fast nackt in der Tür, nur ein Handtuch um die Hüften, als Vera samstags ein Paket abholen will, das Alfons entgegengenommen hat. Ein anderes Mal drückt er sein Beileid zum Tod der Großtante aus – eine Tatsache, die Alfons eigentlich nicht wissen kann – vermutlich hat er eines der Kinder ausgefragt. „Ich kriege die Paranoia", sagt Vera, als sie mit Mark schon wieder über Alfons spricht. „So geht das nicht weiter."

—————————

Edelgards Einstieg als Leiterin eines Kindergartens wirkt vielversprechend. Sie bietet allen im Team gleich das Du an und sorgt für Tee und Gebäck in den Sitzungen. Doch bald verändern die Besprechungen ihren Charakter. Sie ziehen sich in die Länge und drehen sich fast nur noch um Edelgards Anliegen. Wenn die ausführlich besprochen sind, bleibt für die Themen der Kollegen keine Zeit mehr. Deshalb schlägt Dorothee vor, eine Tagesordnung einzuführen und zu Beginn die Besprechungspunkte zu sammeln. Darauf lässt sich Edelgard ein, versteht es aber, ihre Punkte nach vorne zu ziehen: „Darauf muss ich leider bestehen, weil die Zeit drängt." Oft geben die Kollegen schon deshalb nach, weil sie nicht wieder zu spät in ihre Gruppen kommen wollen. Viele Entscheidungen, die die Erzieherinnen bisher selbstständig getroffen haben, zieht Edelgard an sich und findet fast immer eine Vorschrift, mit der sie dies begründen kann. Edelgard belehrt die Kolleginnen, wie sie sich im Herbst vor Infekten schützen können und welchen Einfluss es auf die Kinder hat, wenn Erzieherinnen Markenkleidung tragen. Einmal verliert Dorothee die Selbstbeherrschung: „Jetzt hör doch auf, mich zu erziehen. Ich bin ein erwachsener Mensch und eine ausgebildete Fachkraft."
„Wie redest du denn mit mir?", kontert Edelgard ruhig, aber streng. „Unsere Zusammenarbeit beruht auf gegenseitigem Respekt. Ich erziehe keinen, ich achte nur auf einige wichtige Dinge, die es braucht, damit es hier gut läuft." Dorothee bringt eine entschuldigende Erklärung hervor und räumt das Feld. Es kommt ihr vor, als ob Edelgard nun in ihrer Gruppe besonders häufig nach dem Rechten schaut.

Grenzüberschreiter leben in einer Welt ohne Zäune und Türen. Deshalb verfügen sie über die Zeit, die Mittel und Möglichkeiten anderer, als wären es die eigenen. Sie erleben es als Ablehnung, wenn sich andere abgrenzen, statt sich gegenseitiger

> Grenzüberschreiter regieren in Ihre Entscheidungen hinein, verfügen über Ihre Arbeitsmittel und Ihr Eigentum. Manchmal dringen sie sogar in Ihre Privatsphäre vor.

Hilfe, persönlichem Austausch und positiver Beeinflussung zu öffnen.

Betrachten wir die Welt noch einen Augenblick durch die Brille von Grenzüberschreitern. Sobald andere Grenzen setzen, fügen sie ihnen etwas ganz Ähnliches zu wie Mobber ihren Opfern. Sie grenzen die Betroffenen aus. Sie schließen sie von Entscheidungsprozessen aus, sie entziehen ihnen den Zugang zu Ressourcen. „Moment mal", werden Sie vielleicht einwenden, wenn Sie im Kontakt mit einem Grenzüberschreiter stehen. „Aber es geht doch um *meine* Privatsphäre, *meine* Entscheidungen und *mein* Eigentum!" Aber wer bestimmt denn, was Sie für sich allein beanspruchen dürfen und wo es nur recht und billig ist, andere zu beteiligen? Das ist Definitionssache. Grenzüberschreiter definieren den gemeinsamen Bereich sehr weit und erleben die Abgrenzung anderer daher als eine Art Mobbing. Diese Erfahrung haben sie häufig gemacht und gelernt, ihre vermeintlichen Rechte zu schützen – durch Beharrlichkeit, geschickte kommunikative Manöver und Kampfmittel, die es jedem ungemütlich machen, der sie vermeintlich ausgrenzt.

Mit Abstand betrachtet

Grenzüberschreiter sind beziehungsorientierte Persönlichkeiten mit Gemeinsinn. Sie leisten dort am meisten, wo Einmischung notwendig und erwünscht ist, zum Beispiel in der Kleinkinderziehung. Kinder von Grenzüberschreitern berichten oft von einer innigen, harmonischen Kindheit, bis in der Pubertät schwere Konflikte aufbrechen. Im beruflichen Bereich finden bedürftige Menschen, Praktikanten und Auszubildende in Grenzüberschreitern eine beherzte

> Grenzüberschreiter leben in einer Welt ohne Zäune und Türen.

Führung. Schulgründungen, Bürgerinitiativen oder Hilfswerke sind nicht denkbar ohne die Energie von Grenzüberschreitern, die andere motivieren, ihre persönlichen Grenzen zugunsten einer guten Sache zu überschreiten.

Gleichzeitig setzen Grenzüberschreiter Machtkämpfe in Gang, wo immer sie auftauchen. Manchmal unterliegen sie und werden ausgegrenzt oder tatsächlich gemobbt. Kluge, kompetente Grenzüberschreiter halten das Feld aber so ausdauernd, dass andere aufgeben. Überfordert von den ständigen Kämpfen räumen andere schließlich das Feld. Viele Versetzungen, Kündigungen, Vereins- und Kirchenaustritte sind Grenzüberschreitern geschuldet. Die nahen Bezugspersonen von Grenzüberschreitern leiden oft unter psychosomatischen oder depressiven Beschwerden. Manche passen sich an und schrumpfen zu einer kindlich-abhängigen Persönlichkeit. Sie erleben dadurch eine harmonische Beziehung zu Grenzüberschreitern. Nach einer solchen Deformierung brauchen Betroffene aber oft professionelle Hilfe, um wieder zu sich selbst zu finden.

> Grenzüberschreiter sind beziehungsorientierte Persönlichkeiten mit Gemeinsinn.

Verhängnisvollerweise bringen sich Grenzüberschreiter dort am liebsten ein, wo intensive Zusammenarbeit gefragt ist, zum Beispiel in Teams, größeren Unternehmen und Vereinen. Gleichzeitig schätzen sie den Einfluss, den Menschen in Führungspositionen oder als Ausbilder haben. Damit tauchen Grenzüberschreiter genau da auf, wo Konflikte und Machtkämpfe den größten Schaden anrichten.

Falsche Hoffnung, echte Chancen

Nach dem Zusammenstoß mit einem Grenzüberschreiter haben Betroffene vor allem zwei Wünsche. Sie wollen für die strittige Sache eine vernünftige, abschließende Lösung finden. Außerdem würden sie gerne verhindern, dass es zu weiteren Grenzüberschreitungen kommt. Darüber grübeln Betroffene lange, manchmal bis in die Nacht hinein. Sie malen sich die Reaktionen von Grenzüberschreitern aus und ahnen, dass diese einer einvernehmlichen Regelung nicht zustimmen werden. Deshalb lässt man solche Wünsche besser los. Auch wenn

einem Konflikte zuwider sind: Solange man in der Nähe eines Grenzüberschreiters lebt, gehören Auseinandersetzungen zum Leben dazu
wie die Eindämmung des Meeres für Küstenbewohner.

Auseinandersetzungen mit Grenzüberschreiter laden sich schnell
emotional auf. Dabei gerät das eigentliche Problem leicht aus dem
Blickfeld. Bei Machtkämpfen geht es vor allem um eines: um Macht.
Nichts ist also wichtiger als eine korrekte Einschätzung der Machtverhältnisse. Wenn es einen Menschen mit Einfluss gibt, der gelegentlich
die Grenzen abgesteckt, kann man mit Grenzüberschreitern gut auskommen. Das kann ein Vorgesetzter sein, ein Vereinsvorsitzender oder
zur Not auch ein Anwalt. Im Fall von Edelgard fanden die Erzieherinnen einen Rückhalt beim Träger des Kindergartens. Sie dokumentier-
ten die Grenzüberschreitungen und trugen sie auf eine höhere Ebene.
Der Träger nahm Gespräche mit Edelgard auf. Als sich dennoch nichts
änderte, drängte dieser auf den Vorruhestand von Edelgard, in den
sie schließlich einwilligte. In manchen Positionen sind Grenzüberschreiter nicht tragbar. Trotzdem braucht es günstige Bedingungen,
um einen Machtkampf zu gewinnen: solidarische Kollegen, die eine
Auseinandersetzung wagen, und Verantwortliche auf einer höheren Ebene, die Probleme ernst nehmen und angehen.

Leider sind diese Bedingungen nur selten gegeben und dann
heißt es: loslassen. Ein mora-
lisches, fachliches oder juristi-

> Auseinandersetzungen mit Grenzüberschreitern laden sich schnell emotional auf. Dabei gerät das eigentliche Problem leicht aus dem Blickfeld.

sches Recht hilft nur, wenn es sich auch durchsetzen lässt. Manchmal
bleibt einem nichts anderes übrig, als zu akzeptieren: Im Leben geht es
nicht immer gerecht zu, manchmal muss man sich mit anstrengenden
Situationen arrangieren oder das Feld räumen.

Nicht nur Kämpfe können von den eigenen Zielen abbringen, sondern auch eine Versuchung. Denn von manchen Grenzüberschreitern
geht anfangs eine große Freundlichkeit aus. Sie gewinnen mit ihrem Engagement und ihren guten Umgangsformen. Sie stecken andere an mit
ihrer Sehnsucht nach Harmonie, großzügiger Gemeinschaft und einem
Leben ohne geschlossene Türen. Erst nach und nach entdecken Betroffene, wie sie ihre Entscheidungsfreiheit und Privatsphäre verlieren.

Folgende Frühwarnzeichen weisen auf die falsche, unrealistische Harmonie hin, die das Beziehungsangebot von Grenzüberschreitern ausmacht:

- Nähe und Offenheit ohne vorherigen Vertrauensaufbau
- die ungeprüfte Annahme, dass Ihre Sichtweise und Ziele mit denen von Grenzüberschreitern übereinstimmen
- Bitten, die Ihr Einverständnis schon voraussetzen und die Möglichkeit eines Neins ausschließen

Grenzüberschreiter haben das gleiche Recht auf Offenheit, Hilfsbereitschaft und Kooperation wie alle anderen Menschen, aber eben zu den gleichen Bedingungen wie alle anderen: Achtung vor der Privatsphäre, dem Eigentum, der Selbstbestimmung, den Sichtweisen, Zielen und Wünschen anderer und schließlich der Bereitschaft, Interessenskonflikte auf faire Weise auszutragen. Wer diese Voraussetzungen nicht mitbringt, darf auch keine Nähe, Offenheit und Kooperation erwarten.

Grenzüberschreiter befrieden

In manchen Fällen steht es in unserer Macht, die Grenzen so zu setzen, wie wir es wollen, besonders wenn es um unser Eigentum, unsere Entscheidungen, unsere Verantwortungsbereiche und unsere Zeit geht. Dann geht es im Wesentlichen um die Kunst des Neinsagens, die taktvoll vorgeht und möglichst wenig Angriffsfläche für Verhandlungen bietet. Hier ein paar Tipps dafür:

- Auch wenn Ihr Zorn berechtigt ist, sollten Sie ruhig und freundlich bleiben. Grenzüberschreiter sind sehr sensibel dafür, ob Sie die Umgangsformen wahren.
- Sprechen Sie Ihr Nein fest und klar aus, verzichten Sie auf Entschuldigungen und die Bekundung von Bedauern.
- Machen Sie Ihr Nein durch Ihre Körpersprache glaubwürdig: Blickkontakt, eine ruhige, feste Stimme, eine aufrechte Körperhaltung.
- Begründen Sie Ihr Nein sachlich, wenn zwingende Gründe vorliegen. Wenn nicht, nennen Sie subjektive Gründe: „So gefällt es

mir besser." – „Damit würde ich mich nicht wohlfühlen." – „Das würde mich im Moment überfordern." – „Ich möchte mich lieber auf etwas anderes konzentrieren."

- Wenn möglich, bieten Sie eine Alternative an: „Zu der Besprechung kann ich in dieser Woche nicht kommen, ich werde aber das Protokoll gründlich lesen." – „Was meinen Kleidungsstil angeht, entscheide ich lieber selbst. Ich würde mich aber freuen, wenn ich dich um Rat fragen dürfte, wenn es ums Kochen geht."
- Manchmal mildert es ein Nein, wenn man um eine kurze Bedenkzeit bittet. Das zeigt, dass Sie den Wunsch des Grenzüberschreiters ernst nehmen. Außerdem gewinnen Sie Zeit, um über eine Begründung nachzudenken oder einen Kommunikationsweg zu wählen, der Ihnen am angenehmsten ist, zum Beispiel eine E-Mail.

Wenn es sich um einen Grenzüberschreiter handelt, ist es mit einem Nein natürlich nicht getan. Oft beginnt damit die Auseinandersetzung erst. Ein Nein ist eher wie der Aufschlag beim Tennis, der den Ball ins Spiel bringt. Grenzüberschreiter sind hartnäckig und einfallsreich, wenn es darum geht, ein Nein auszuhebeln. Manchmal reagieren sie auf ein Nein, als hätten sie gar nicht genau hingehört, oder lenken die Aufmerksamkeit auf etwas anderes. Kurze Zeit später versuchen sie genau das zu erreichen, was andere gerade abgelehnt haben, so als wäre das Nein nie ausgesprochen worden. Das kann wütend machen oder bedrohlich wirken. Am besten hilft aber eine Gelassenheit weiter, wie man sie etwa gegenüber Schwerhörigen zeigt: die Dinge einfach mehrfach wiederholen – deutlich, aber bemüht, trotzdem freundlich zu klingen.

Manchmal reagieren Grenzüberschreiter auch mit einem ungläubigen Schweigen oder dem Ausdruck großer Überraschung, wenn sie ein Nein hören. Damit rufen sie bei anderen einen Drang hervor, sich zu erklären, der stark werden kann wie ein Juckreiz. Eine Erklärung macht aus dem Nein eine verhandelbare Sache, deren Für und Wider man gemeinsam diskutieren kann. Den Ballwechsel gewinnt daher nur, wer rechtzeitig einen

> Grenzüberschreiter sind hartnäckig und einfallsreich, wenn es darum geht, ein Nein auszuhebeln.

Schlusspunkt setzt: „Ja, so weit dazu." – „Kann ich sonst etwas für Sie tun?" – „Ich räume jetzt noch den Tisch ab."

Besonders schwer kann es werden, mit einem plötzlichen Stimmungswechsel umzugehen. Grenzüberschreiter reagieren auf ein Nein manchmal gekränkt, beleidigt, brüskiert, empört oder sogar feindselig, was sich in ihrer Körpersprache und entsprechenden Kommentaren zeigt. In der Welt der Grenzüberschreiter bedeutet ein Nein unter Umständen eine Ausgrenzung, eine persönliche Zurückweisung oder Benachteiligung. Angesichts solcher Reaktionen kann man sich böse oder schuldig fühlen. Viele Menschen reagieren darauf, indem sie ihr Nein abmildern oder sogar ganz zurücknehmen. Angemessen ist stattdessen ein kurzer, mitfühlender Blick wie der eines Arztes, der seinem Patienten einen Schmerz zufügen muss. Nach einem körpersprachlichen Zeichen von Mitgefühl können Sie zu etwas anderem übergehen.

Wer ausdauernd und taktvoll Nein sagen kann, kommt mit Grenzüberschreitern oft gut zurecht. Wenn man von einem Grenzüberschreiter abhängig ist, wird es allerdings schwierig.

Wenn Grenzüberschreiter Macht haben

Vorgesetzte dürfen und müssen auf ihre Mitarbeiter Einfluss nehmen. Vermieter haben bis zu einem gewissen Grad das Recht, den Rahmen für ein Mietverhältnis zu bestimmen. Wo Eltern ihre erwachsenen Kinder noch unterstützen, sei es finanziell oder in der Kinderbetreuung, verdienen ihre Anregungen Respekt. Aber wie weit geht der Einfluss? Darüber kann man streiten. Grenzüberschreiter dehnen ihren Einfluss in einer Weise aus, die auf Dauer nicht erträglich ist. Aber auch in Abhängigkeitsverhältnissen gibt es Strategien, die eine Grenzziehung ermöglichen.

> Wer ausdauernd und taktvoll Nein sagen kann, kommt mit Grenzüberschreitern oft gut zurecht.

Grenzüberschreiter leben mit einem chronischen Gefühl, dass ihnen Unrecht geschieht oder droht. Deshalb schätzen sie Regeln, Gesetze und Autorität. Auch der Gedanke von Gerechtigkeit und Gleichbehandlung zieht Grenzüberschreiter an. Einem grenzverletzenden Vermieter könnte man einen Auszug aus dem Mietrecht vorlegen. Dabei darf man nicht den Eindruck erwecken, ein Gesetz als Machtmittel zu missbrauchen. Vielmehr wird das Gesetz wie ein fairer Schiedsrichter angerufen: „Ich habe mir Gedanken gemacht, wie wir diese Sache fair regeln können. Dazu habe ich in das Mietrecht hineingelesen und mir scheint, dass da ein fairer Interessensausgleich gelungen ist."

Im Arbeitsleben können Sie sich im Bedarfsfall auf fachliche Autoritäten, Dienstanweisungen oder Unternehmensgrundsätze berufen. Nicht jedem macht es Freude, sich in Regelwerke, Leitbilder, Vorschriften oder Gesetze einzulesen. Aber im Umgang mit Grenzüberschreitern gilt auf besondere Weise: Wissen ist Macht.

Hilfreich ist auch, wenn Sie die Weltanschauung von Grenzüberschreitern kennen, dann können Sie sich gegebenenfalls auf humanistische, christliche oder demokratische Grundsätze berufen. Dabei muss aber Ihre innere Haltung stimmen, denn Grenzüberschreiter sind wachsam und bemerken Manipulationsversuche. Berufen Sie sich daher lieber nur auf Grundsätze, die Ihnen selbst als fair und glaubwürdig erscheinen.

> Grenzüberschreiter leben mit einem chronischen Gefühl, dass ihnen Unrecht geschieht oder droht.

Wer Glück hat, findet eine Autorität, die dem Grenzüberschreiter übergeordnet ist. Diese kann von Zeit zu Zeit als Schiedsrichter angerufen werden. Das kann der nächsthöhere Vorgesetzte sein, ein Pfarrer einer Kirchengemeinde oder ein Vereinsvorsitzender: „Wir kommen zu ganz unterschiedlichen Sichtweisen, wie diese Sache gut zu regeln ist. Lass uns die Sache doch Herrn Salomon vorlegen, um zu klären, wie das in unserem Unternehmen (unserer Gemeinde, unserem Verein) zu handhaben ist." Selbst wenn ein Grenzüberschreiter damit nicht einverstanden ist, kann man eine übergeordnete Autorität anrufen. Damit sich ein Grenzüberschreiter nicht hintergangen fühlt, kann man den Zeitpunkt, den Inhalt und das Ergebnis des Gesprächs offenlegen.

Eine andere Strategie besteht darin, zwischen dem Endergebnis und dem Weg zu unterscheiden, auf dem Sie das Ergebnis erreichen wollen. Wenn Grenzüberschreiter über das Endergebnis mitbestimmen dürfen, dann können Sie den Weg wählen, auf dem Sie das Ergebnis erreichen wollen. Wann immer ein Grenzüberschreiter versucht, über Ihr Vorgehen zu bestimmen, können Sie das Gespräch auf das Ergebnis lenken: „Was genau soll am Ende herauskommen? Sind wir uns da einig? Bis wann brauchen wir das Ergebnis?" Dies gibt Grenzüberschreitern die Sicherheit, die sie zum Loslassen brauchen. Wenn nötig, lässt sich noch eine Begründung für das eigene Vorgehen anfügen: „Dieses Ziel erreiche ich leichter, wenn ich es auf meine Weise tue." Diese Strategie erfordert natürlich, dass Sie das Ergebnis dann auch pünktlich und wie vereinbart abliefern. Wenn Probleme auftauchen, sollten Sie Grenzüberschreiter frühzeitig über Verzögerungen oder notwendige Änderungen informieren. Verlässlichkeit und Transparenz sind der Einsatz, ohne den ein gutes Auskommen mit Grenzüberschreitern kaum möglich ist.

> Wenn Grenzüberschreiter Macht haben, muss man sich mit einem gewissen Maß an Einmischung und Fremdbestimmung arrangieren.

Grenzüberschreiter lösen machmal einen verhängnisvollen psychologischen Mechanismus aus. Sie machen andere mit ihrer Einmischung ärgerlich und rufen sogenanntes passiv-aggressives Verhalten hervor. Am liebsten würde man dann ihre Vorhaben sabotieren und scheitern lassen. Betroffene führen dann unkluge Anweisungen wörtlich aus („Gut, auf Ihre Verantwortung") und konfrontieren Grenzüberschreiter dann mit dem Misserfolg. Das Risiko ist aber hoch, dass ein schlechtes Ergebnis für beide Seiten nachteilige Folgen hat. Je freier man bleibt, auf seine eigene Art und Weise zum Ziel zu kommen, desto geringer ist die Gefahr eigener passiv-aggressiver Reaktionen.

Wenn Grenzüberschreiter Macht haben, muss man sich mit einem gewissen Maß an Einmischung und Fremdbestimmung arrangieren. Oft gelingt es aber, dieses Maß in erträglichen Grenzen zu halten. Wo es zu schweren Grenzüberschreitungen kommt, dürfen sich Betroffene auch eine entschiedene Gegenwehr erlauben. Sie haben dann meist das Recht und die Unterstützung anderer auf ihrer Seite.

Wo jede Toleranz endet

Wie schon erwähnt setzen sich Grenzüberschreiter über Wunsch und Willen, Rechte und Selbstbestimmung ihrer Mitmenschen hinweg: Sie verwenden das Eigentum und die Arbeitsmittel von Betroffenen, obwohl diese das nicht wünschen. Über gemeinsame Ressourcen verfügen sie, als ob sie ihnen alleine gehören würden. Sie treffen Entscheidungen, mit denen sie in die Zeitplanung und Verantwortungsbereiche anderer eingreifen. Sie verschaffen sich manchmal sogar Zugang zu Informationen, indem sie fremde Unterlagen, Post, Kalender, Dateien, E-Mails oder Handys einsehen.

Wer Grenzüberschreiter deswegen zur Rede stellt, stößt selten auf Schuldbewusstsein. Stattdessen spielen sie ihr Verhalten herunter oder finden Gründe, die es rechtfertigen. Auf Einsicht kann man daher nicht zielen. Es bleibt nichts, als Anreize zu setzen, die mehr wiegen als der Gewinn der Grenzüberschreitung. Um sich dabei nicht in persönliche Kämpfe zu verwickeln, hilft eine Kommunikationsstrategie, die im Therapeutenjargon „empathische Konfrontation" heißt:

- „Wenn Sie meine Unterlagen lesen, ohne mich vorher zu fragen, dann erlebe ich das als Eindringen in meinen persönlichen Bereich. Ich spüre dann den Wunsch, alles unter Verschluss zu halten, was Sie interessieren könnte. Aber das wollen Sie doch sicher nicht. Grundsätzlich teile ich gerne Informationen mit Ihnen."
- „Ich bin dir sehr dankbar, dass ich dir die Kinder gelegentlich bringen kann. Aber wenn du erlaubst, was ich ihnen verbiete, macht mir das die Erziehung schwerer und ich bringe die Kinder mit einem ungulen Gefühl zu dir. Das wäre doch schade."

Die empathische Konfrontation weist auf negative Folgen hin, die für den Grenzüberschreiter bedeutsam sind. Die natürliche Konsequenz auf Grenzüberschreitungen besteht in einer verstärkten Abgrenzung und dies stellt wiederum genau die Beziehungserfahrung dar, die Grenzüberschreiter fürchten. An diesem wunden Punkt kann man sie oft packen. Das gelingt umso besser, je mehr man gleichzeitig das Interesse an einer guten Beziehung oder Zusammenarbeit ausdrückt.

Einer Grenzüberschreitung, die in Ihrer Gegenwart geschieht, begegnen Sie am besten mit Selbstbehauptungsstrategien. Diese bestehen darin, selbstsicher und ausdauernd auf dem eigenen Recht zu beharren. Dies lässt sich gut an folgendem Problem demonstrieren. Fast alle Grenzüberschreiter beanspruchen übermäßig viel Redezeit, sei es in Teamsitzungen oder in privaten Gesprächen. Gerade zurückhaltenden Menschen fällt es schwer, den Konflikt um die Redezeit offen auszutragen. Bei Personen, von denen man abhängig ist, ist dies natürlich noch mal schwerer. Aber höfliche Formulierungen schaffen den Spielraum, um sich zur Not auch ausdauernd zu behaupten:

- „Darf ich meinen Gedanken noch zu Ende führen?"
- „Entschuldigung, ich war noch nicht ganz fertig. Ich möchte noch …"
- „Entschuldigen Sie, wenn ich unterbreche. Ihre Informationen sind sehr hilfreich. Uns bleiben aber heute nur noch 20 Minuten. Diese Zeit möchte ich noch für das Thema … nutzen."
- „Bitte lassen Sie mir noch etwas Raum für diesen wichtigen Punkt."
- „Entschuldigung, ich habe Ihnen nun aufmerksam zugehört und will Ihr Anliegen nach meinen Möglichkeiten unterstützen. Nun habe ich aber auch das Recht (die Pflicht), den folgenden Punkt anzusprechen, der in meinem Verantwortungsbereich liegt."

Variationen dieser Sätze ließen sich seitenweise fortführen. Mit ein wenig Übung kann man auf diese Weise ausdauernd für sein Recht eintreten. Auch das stärkste Mitteilungsbedürfnis kommt irgendwann gegen diese Grenze nicht mehr an und es entsteht Raum für das eigene Anliegen. Auch andere Rechte lassen sich mit dieser Selbstbehauptungsstrategie durchsetzen. Im Recht ist, wer die zwischenmenschlichen Spielregeln, die Bestimmungen eines Unternehmens oder anerkannte Grundsätze auf seiner Seite hat.

> Fast alle Grenzüberschreiter beanspruchen übermäßig viel Redezeit, sei es in Teamsitzungen oder in privaten Gesprächen.

Doch nicht in jeder Situation hat man das Recht auf seiner Seite. Es gibt viele Fälle, für die es weder Regeln noch Gesetze gibt. Trotzdem kann es nicht angehen, einen Grenzüberschreiter in diesen Fällen bestimmen zu lassen. Dann bleibt ein Mittel, dessen Risiko allerdings sorgfältig abzuwägen ist: Allianzen bilden.

Wer Bündnisse schmiedet, muss zwei Gefahren ins Auge blicken. Im Umfeld von Grenzüberschreitern findet man leicht Menschen, die genauso wütend sind oder sich ähnlich bedroht fühlen wie man selbst. Leicht wird man sich einig, dass es so eigentlich nicht geht und man

Grenzüberschreitern die Stirn bieten müsste. Wer sich aber hervorwagt und Stellung bezieht, steht schnell alleine da, weil die anderen die Konfrontation scheuen.

Auf der anderen Seite besteht die Gefahr, sich mit Menschen zu verbünden, die auf Rache aus sind, unfaire Mittel einsetzen und Mobbing oder Bossing betreiben wollen. Unversehens wird man in ein Vorgehen verwickelt, das nicht den eigenen Überzeugungen entspricht und möglicherweise mit hohen Risiken einhergeht. Wie der Aufbau von Bündnissen gelingt, zeigt folgendes Beispiel.

Horst, Patriarch einer Unternehmerfamilie, bestimmt das jährliche Familientreffen mit seinen Programmpunkten. Sein Neffe Jens weiß, dass die Mehrheit der Familie genervt ist von Horst, von seiner ausufernden Rede und den peinlichen Spielen, die er anleitet. Auf diesen Rückhalt setzt Jens, als er eine Rundmail schreibt und Programmpunkte vorschlägt, die auch andere zum Zug kommen lassen. Wie nicht anders zu erwarten, bügelt Horst den Vorschlag in einer Mail ab, als hätte er allein das Sagen. Als in den nächsten Stunden keine einzige Mail aus der übrigen Familie ankommt, ist Jens irritiert. Alle klagen, aber wenn es darauf ankommt, findet Horst schweigende Zustimmung. Jens fährt mit einem bitteren Gefühl zur Familienfeier. Als eines der Spiele doch eine lustige Wendung nimmt, wirft Horst in die Runde: „Das amüsiert doch selbst unseren lieben Jens." Jeder weiß, dass Horst damit auf die Mail anspielt.

Die Konfliktscheu im Umfeld von Grenzüberschreitern hat meist zwei Gründe. Den einen fehlt die Motivation, sie ziehen die Harmonie einer Auseinandersetzung vor. Anderen fehlen schlicht die Mittel. Sie würden gerne etwas ändern, wissen aber nicht, wie sie gegen einen einflussreichen Menschen auftreten können. Die Wünsche einer Mehrheit sind daher nur etwas wert, wenn sich aus ihnen ein Bündnis schmieden lässt. Ob andere dazu bereit sind, sollte man im Vorfeld klären, in unserem Fall zum Beispiel so: „Würdest du dich auch per Mail zu Wort melden, falls Horst unser Anliegen abschmettern will?" Wer hier ausweichend antwortet, scheidet als Bündnispartner aus.

Beim nächsten Familienfest ist Jens besser gewappnet. Er hat seine Schwester und seinen Vater, Horsts Bruder, als Unterstützer für einen neuen Programmpunkt gewonnen. Jens ruft Horst an, um den Programmpunkt anzukündigen. Erwartungsgemäß lehnt Horst diesen ab und behauptet, dass ihn schon im letzten Jahr keiner wollte. Jens geht nicht auf eine Diskussion ein, sondern beharrt: „Wir Jungen dürfen doch auch einen Programmpunkt einbringen. Bitte setze ihn auf das Programm." Am nächsten Tag schickt Jens' Schwester eine Rundmail, in der sie die Familie einlädt, etwas zu dem neuen Programmpunkt beizutragen. Als Horst am Tag der Feier diesen Programmpunkt unter den Tisch fallen lässt, schaltet sich Jens' Vater ein und erinnert seinen Bruder an das Versäumnis. Nun bleibt dem Patriarchen nichts anderes übrig, als nachzugeben. Auf die anderen wirkt es, als sei ein Bann gebrochen, der auf der Familie lag. Jens reizt es, Horsts Niederlage auszukosten und am Ende der Feier eine entsprechende Bemerkung zu machen. Stattdessen reißt er sich aber zusammen. Er dankt Horst für die engagierte Vorbereitung und würdigt die Familientradition, die er aufrecht hält. Horst nickt zufrieden.

Leben und leben lassen

Grenzüberschreiter fürchten, um ihre Rechte betrogen und ausgeschlossen zu werden. Aus dieser Angst beginnen sie häufig einen Präventivkrieg. Sie sichern sich den Zugriff auf Mittel und Informationen. Sie kämpfen um Redezeit und Einfluss. Nähe und Offenheit versuchen sie zu erzwingen. Überkompensation nennen Psychologen ein Verhalten, das aus Angst über das Ziel hinausschießt.

Die Konfliktscheu im Umfeld von Grenzüberschreitern hat meist zwei Gründe. Den einen fehlt die Motivation, sie ziehen die Harmonie einer Auseinandersetzung vor. Anderen fehlen schlicht die Mittel.

Wer Grenzüberschreitern etwas Gutes tun will, schenkt ihnen ein Gefühl der Zugehörigkeit und kommt ihren Interessen von sich aus entgegen. Wie bei allen schwierigen Menschen fallen dabei Mitgefühl und Eigennutz zusammen: Wer die Angst vor Ausgrenzung beruhigt, verringert grenzverletzendes Verhalten. Im Idealfall verwandelt sich ein Grenzüberschreiter in einen treuen Verbündeten, der einem auch mal die Kartoffeln aus dem Feuer holt.

Folgende Investitionen machen Grenzüberschreitern das Leben leichter: Höflichkeit, Loyalität und Zeichen der Zugehörigkeit.

> Grenzüberschreiter fürchten, um ihre Rechte betrogen und ausgeschlossen zu werden.

Respekt und Höflichkeit. Grenzüberschreiter sind sensibel für den Respekt, den gute Manieren ausdrücken. Darüber hinaus bemerken sie jedes Zeichen der Missachtung. Daher sollte man sich im Umgang mit ihnen die Benimm-Regeln in Erinnerung rufen. Oft geht es dabei um Kleinigkeiten wie Aufstehen bei der Begrüßung, die höfliche Form einer Bitte, korrekte Titel und Funktionsbezeichnungen, die Aufmerksamkeit für Geburtstage und dergleichen. Idealerweise entspricht die innere Haltung dem höflichen Verhalten: „Ich respektiere und achte dich. Das drückt sich darin aus, wie ich mit dir umgehe." Das fällt natürlich umso schwerer, je mehr ein Grenzüberschreiter selbst die Regeln der Höflichkeit bricht. Genau hier liegt aber der Grund, warum viele Menschen mit Grenzüberschreitern nicht gut auskommen. Sie steigen in einen Kreislauf negativer Verhaltensweisen ein, indem die zwischenmenschlichen Spielregeln immer mehr außer Kraft gesetzt werden. Deshalb ist es hier klüger, Böses mit Gutem zu überwinden und so die Angst vor Missachtung zu besänftigen, die Grenzüberschreiter umtreibt.

Loyalität. Nachbarschaft, berufliche Zusammenarbeit oder Familienzusammengehörigkeit schließen Menschen zu einem Bund zusammen, dem sie treu bleiben oder untreu werden können. Was ein solcher Bund genau mit sich bringt, hängt von der jeweiligen sozialen Gruppe ab. Meist geht es

> Im Idealfall verwandelt sich ein Grenzüberschreiter in einen treuen Verbündeten, der einem auch mal die Kartoffeln aus dem Feuer holt.

um Verpflichtungen wie diese: nicht schlecht über den anderen reden; den anderen in Schutz nehmen, wenn er einer unfairen Behandlung ausgesetzt ist; die Interessen des anderen berücksichtigen, auch wenn er nicht persönlich anwesend ist; dem anderen Informationen zuleiten, die für ihn wichtig sind; den anderen in Entscheidungen einbeziehen, die ihn betreffen. Grenzüberschreiter setzen in den meisten Gruppen eine Dynamik in Gang, durch die sie immer mehr die Loyalität anderer verlieren. Umso mehr Pluspunkte können Sie sammeln, wenn Sie weiterhin loyal bleiben.

Zeichen der Zugehörigkeit. Neben Respekt und Loyalität ist es vor allem ein Gefühl der Zugehörigkeit, das Grenzüberschreiter entspannt. Wer das Gefühl hat, seinen Lebensraum verteidigen zu müssen, freut sich über jedes Zeichen der Daseinsberechtigung: eine Einladung zum gemeinsamen Essen oder zu gemeinsamen Unternehmungen, eine Information über aktuelle Dinge, eine Erkundigung nach dem persönlichen Befinden, nach Wünschen oder Tagesordnungspunkten gefragt werden oder E-Mails erhalten. Zu solchen Gesten muss man sich unter Umständen überwinden. Denn was jemand zu erzwingen versucht, mag man ihm nicht mehr freiwillig geben.

> Neben Respekt und Loyalität ist es vor allem ein Gefühl der Zugehörigkeit, das Grenzüberschreiter entspannt.

Ein weiterer Hinderungsgrund für freundliche Gesten besteht in der Erfahrung: Wenn ich einem Grenzüberschreiter den kleinen Finger reiche, greift er nach der ganzen Hand. Deshalb kann es hilfreich sein, schon eine Einladung mit einer Abgrenzung zu verbinden: „Alfred, ich würde mich freuen, wenn du am Montag dein neues Vertriebsmodell vorstellst. Wir haben aber einen straffen Zeitplan, sodass ich dich nach 15 Minuten unterbrechen muss. Sei mir dann bitte nicht böse. Das muss ich bei jedem anderen auch tun, wenn er überzieht."

Wenn Sie einmal auf einen Grenzüberschreiter stoßen, werden Sie die Erfahrung machen: Je sicherer Sie darin werden, sich taktvoll abzugrenzen, umso natürlicher und offener können Sie mit Grenzverletzern umgehen. Damit kehrt sich ein negativer Kreislauf von Grenzüberschreitungen und Ausgrenzung um. Erfahrungen der Zugehörigkeit machen Grenzüberschreiter umgänglicher und ermöglichen mehr Offenheit. Die Umkehr eines solchen Kreislaufes kostet allerdings Ausdauer und gute Nerven.

Die eigenen Grenzen akzeptieren

Grenzüberschreiter lösen bei anderen ein Gefühl der Ohnmacht aus. Betroffene grübeln dann lange – wie sie ihre Rechte wahren und wie sie den Grenzüberschreitungen entgehen können. Doch es gibt keine Methode, sich dem unangenehmen Verhalten zu entziehen. Einige Betroffene entwickeln Schlafstörungen, weil das Abschalten auch nachts nicht mehr gelingt. Selbst wenn es ihnen gelingt, ihre Grenzen zu schützen, rauben die Auseinandersetzungen alle Energie. Schließlich sind Grenzüberschreiter im Überschreiten von Grenzen wesentlich geübter als andere im Schützen derselben.

Besonders wer in seiner Kindheit Grenzüberschreitungen ausgesetzt war, kann starke Anspannung erleben, wenn er aufs Neue mit ihnen konfrontiert wird. Betroffene erstarren dann und wehren sich nicht. Oder sie schlagen mit unverhältnismäßigen Mitteln zurück. In solchen Fällen dürfen sich Betroffene natürlich auch eingestehen, dass sie der Umgang mit einem Grenzüberschreiter überfordert. In privaten Beziehungen kann man sich in eine längere Beziehungspause retten oder die Beziehung auf einen oberflächlichen Kontakt begrenzen. Wenn man sich dafür erklären muss, ist es meist klug, dem Grenzüberschreiter keine

> Grenzüberschreiter lösen bei anderen ein Gefühl der Ohnmacht aus.

Vorwürfe zu machen. Entwaffnende Ehrlichkeit führt am schnellsten zu einem friedlichen Abstand, zum Beispiel mit einer Formulierung wie der folgenden: „Ich komme mit manchen deiner Verhaltensweisen nicht klar, aber das ist mein Problem. Sie erinnern mich an unangenehme Erfahrungen von früher. Deshalb möchte ich mich für eine Zeit aus unserer Beziehung zurückziehen. Ich hoffe, ich entwickle mich so weiter, dass es eines Tages besser geht."

Im beruflichen Bereich dauert die Distanzierung oft länger. Manchmal lassen sich aber die Weichen so stellen, dass die Berührungspunkte mit einem Grenzüberschreiter abnehmen. Mittelfristig ist es in vielen beruflichen Bereichen möglich, sich um eine Versetzung zu bemühen. Im Notfall kann eine Krankschreibung einen sofortigen Abstand schaffen. Die unfreiwilligen Kämpfe erzeugen oft genug psychosomatische Symptome, die eine Krankschreibung rechtfertigen. Umgekehrt kann, wer die Macht dazu hat, einen Grenzüberschreiter natürlich auch entlassen oder auf eine andere Stelle versetzen. Ein solcher Schritt sollte allerdings sorgfältig abgewogen sein. Viele Grenzüberschreiter wehren sich gegen solche Trennungen, auch mit juristischen Mitteln.

> Grenzüberschreiter sind Meister im Nahkampf. Sie beherrschen die vereinnahmende Freundlichkeit genauso wie ein zähes Ringen um Einfluss.

Betroffene zögern manchmal viel zu lange, eine Trennung herbeizuführen. Sie haben ein schlechtes Gewissen gegenüber dem Grenzüberschreiter, einen falschen Ehrgeiz, mit ihm klarzukommen, oder auch die irrige Befürchtung, anderswo seien die Menschen auch nicht besser. Aber anderswo kommen Menschen vielleicht besser mit dem Grenzüberschreiter zurecht. Auch als Mensch mit einem hohen moralischen Anspruch darf man einmal aufgeben, wenn es zu schwierig wird. Schließlich finden sich in den meisten Abteilungen und Teams angenehme Menschen, in deren Gegenwart man nach einem Wechsel aufatmen kann.

Manchmal halten berufliche oder private Sachzwänge Betroffene in der Nähe eines Grenzüberschreiters. Dann bleibt nichts, als sich der Herausforderung zu stellen und die Strategien dieses Kapitels so gut wie möglich umzusetzen. Leichter macht es sich derjenige, der sich in einer solchen Situation professionelle Begleitung sucht, sei es durch ein Coaching, eine Psychotherapie oder vielleicht auch durch den Rat eines lebenserfahrenen Menschen, der zu regelmäßigen Gesprächen bereit ist. Auch wenn die Situation im Ganzen nicht zu ändern ist, können Veränderungen im Kleinen einen spürbaren Unterschied machen, und die Entlastung kann enorm sein, wenn Betroffene Empathie und moralische Unterstützung erleben.

Grenzüberschreiter sind Meister im Nahkampf. Sie beherrschen die vereinnahmende Freundlichkeit genauso wie ein zähes Ringen um Einfluss. Ein anderer Typ schwieriger Menschen erspart sich solche Auseinandersetzungen. Er spielt mit Ihren Wahrnehmungen und Gefühlen.

Auf einen Blick:
Tipps zum Umgang mit Grenzüberschreitern

- Lassen Sie sich nicht zu schneller Vertraulichkeit und Offenheit verführen.

- Auch wenn Sie verärgert sind oder sich bedroht fühlen: Wahren Sie die Form!

- Sagen Sie taktvoll, aber ausdauernd Nein, um Ihre Privatsphäre und Selbstbestimmung zu schützen.

- Setzen Sie Selbstbehauptungsstrategien ein, um sich ein faires Maß an Redezeit, Ressourcen und Einfluss zu sichern.

- Konfrontieren Sie Grenzüberschreiter einfühlsam mit den Folgen, die ihr Verhalten auf Ihre Gefühle und Ihr Verhalten hat.

- Berufen Sie sich auf Gesetze, Bestimmungen oder Ihre Prinzipien. Wo möglich, schalten Sie gelegentlich eine höhere Stelle ein, die für einen fairen Interessensausgleich sorgt.

- Wo es zu Machtkämpfen kommt, prüfen Sie Bündnisse mit vertrauenswürdigen Personen.

- Seien Sie Grenzüberschreitern gegenüber korrekt, was deren Mitbestimmung, Information und Einbeziehung angeht.

Blender

Blendern würden wir nur allzu gerne glauben, dass wir bei ihnen in den besten Händen sind, dass sie ihr Metier beherrschen, dass ihre Absichten gut sind. Gäbe es da nicht Beobachtungen, die uns an den schönen Worten zweifeln lassen. Gäbe es nicht seltsame Zufälle, die verhindern, dass Blender ihre Versprechen einlösen. Auf diese Weise täuschen und enttäuschen sie. Dennoch ist es oft nicht möglich, sie zu entlarven. Die folgenden Beispiele führen Sie in eine Welt der Täuschung ein.

Markus hat mit seinem Bruder telefoniert und nach dem Gespräch steigt Wut in ihm auf. Oskar sei in der Probezeit gekündigt worden. Überqualifiziert sei er gewesen und das habe den Neid der Kollegen ausgelöst. Jetzt habe er die Liebe seines Lebens gefunden und habe zu einer Verlobungsfeier eingeladen. Von welchem Geld eigentlich? Oskar hat Markus doch neulich angepumpt. Sicher helfen die Eltern jetzt mal wieder aus. Markus malt sich aus, wie Oskar vor den Eltern sitzt, in souveräner Pose, mit gewinnenden Gesten und einem treuen Blick, der nicht lügen kann. Vermutlich überzeugt Oskar die Eltern, dass seine Liebe einen besonderen Rahmen braucht. Markus kocht innerlich. Seine Eltern kämen nicht auf die Idee, ihm Geld zu schenken.

In den ersten Tagen wirkt der neue Teamleiter wie der Hauptgewinn in einer Lotterie. Er geht auf alle Kollegen zu, scherzt, hat ein offenes Ohr – man fühlt sich einfach gut in seiner Nähe. Und das, obwohl er ein ungewöhnliches Maß an Erfahrung mitbringt. Mit den führenden Unternehmen habe er schon zusammengearbeitet, über jeden Trend scheint er informiert und vielen Fachleuten sei er schon persönlich begegnet. Allerdings wirkt es in Besprechungen, als könnte der Neue grundlegende Dinge nicht nachvollziehen. Seine Ideen und Analysen klingen zwar gut, passen aber nicht zu den Problemstellungen. Nach einer Besprechung ist Sigrid verwirrt und fühlt sich von ihrem Teamleiter alleine gelassen, was den Fortgang ihres Projektes angeht. Sie vereinbart ein Treffen und legt ihm nochmal ihre Fragen vor. Doch der Neue wird ungehalten und betont, dass er in seinem Team Eigenverantwortung stärken will. Sigrid fragt sich, ob sie ihn vielleicht von wichtigeren Dingen abhält und tatsächlich unnötige Fragen stellt.

Gelegentlich liest man in der Zeitung Geschichten wie diese: Ein Mann, der nie Medizin studiert hat, fälscht Zeugnisse und lässt sich als Arzt anstellen. Jahre später fliegt die Täuschung auf. Reporter befragen Patienten und die ärztlichen Kollegen, ob ihnen vorher nicht irgendetwas aufgefallen sei. Die meisten antworten: „So was hätten wir nicht für möglich gehalten. Er war beliebt und hat allem Anschein nach seine Arbeit gut erledigt." Nur einzelne Kollegen erinnern sich an Situationen, in denen ihnen Einschätzungen und Entscheidungen des Selfmade-Arztes komisch vorkamen. Solche Geschichten sind zum Glück nicht alltäglich. Sie veranschaulichen aber das Lebensgefühl von Blendern. Einerseits genießen sie das Bild, das sie nach außen darstellen. Sie zehren von ihrer Beliebtheit und von Anerkennung, die sie bei anderen finden. Doch treibt sie die Furcht davor, entlarvt zu werden. Diese verrät ihr Verhalten: Blender lassen ihre Fehler und Schwächen verschwinden wie ein Zauberkünstler Kugeln und Tücher. Kritik perlt an ihnen ab und auf Wünsche gehen sie nur dann ein, wenn sie bei deren Erfüllung ihre Stärken ausspielen können.

> Blender sind oft begabt. Aber ihr Hang zur Selbstdarstellung macht sie unbelehrbar.

Blender sind oft begabt. Aber ihr Hang zur Selbstdarstellung macht sie unbelehrbar. Deshalb lassen sie sich nicht helfen, fragen nicht nach, bitten nicht um Rat oder Hilfe. Wo andere im Laufe ihres Lebens ihre Fähigkeiten erweitern und Wissenslücken schließen, entstehen bei Blendern Defizite. Deren Entlarvung fürchten sie zu Recht. Manchen Blendern fehlt zum Beispiel die Fähigkeit, die eigenen Gefühle und die anderer zu erkennen und mit ihnen angemessen umzugehen. Andere können weder planvoll vorgehen noch die vielen kleinen Mühen auf sich nehmen, die jedem Erfolg vorausgehen. Viele Blender haben die Konzepte ihres Berufes nur oberflächlich verstanden oder setzen sie anfängerhaft in die Praxis um. Oft haben Blender aber ihre Spezialgebiete, in denen sie eine besondere Begabung besitzen und in denen ihnen Fähigkeiten zufallen. Auf diese Weise sind Blender auf wenigen Gebieten Riesen, während sie auf anderen Zwerge bleiben. Ihr soziales Überleben hängt dann davon ab, dass sie sich nur auf Gebieten zeigen, in denen ihre Größe sichtbar wird. Blender wehren daher alle Anliegen ab, die sie auf unsicheres Gelände führen. Sie erklären solche Anliegen für unwichtig, ignorieren sie oder veranlassen, dass sich andere darum kümmern. Vorgesetzte verwandeln ihr Team daher oft in eine Monokultur, in der es nur noch um ihre Spezialgebiete geht. Wenn der Erfolg aber auf Fähigkeiten beruht, die Blender nicht besitzen, gerät ein Team unter Druck.

Am besten wären Blender in Berufen aufgehoben, in denen wenige spezielle Fähigkeiten benötigt werden. Aber Blender suchen eine Bühne, auf der sie Anerkennung finden. Das zieht sie in soziale Berufe, in Beratung, Verkauf und oft auch in Führungspositionen. Verhängnisvollerweise kommt es dort aber auf fachliche, organisatorische und kommunikative Fähigkeiten gleichermaßen an. Daran scheitern Blender. Manchmal werden ihre Misserfolge offensichtlich, dann besteht ihr Leben darin, sie zu entschuldigen und andere von künftigen Erfolgen zu überzeugen. Oft gelingt es Blendern, ihre Misserfolge zu verschleiern. Sie lasten diese den Umständen oder anderen an.

In privaten Beziehungen suchen Blender ein Publikum, das sie bestätigt. Sie stellen berufliche Leistung in den Vordergrund und spielen mit Statussymbolen. Sie berichten von Eroberungen in der Liebe, Kontakten zu wichtigen Persönlichkeiten und von hochtrabenden Plänen. Ob man ihre fesselnde Selbstdarstellung unterhaltsam findet oder unangenehm, ist Typsache. Aber spätestens, wenn Zuhörer die Unstimmigkeiten bemerken, die in der Selbstdarstellung von Blendern auftauchen, stellt sich ein befremdliches Gefühl ein. Manchmal geraten Betroffene unter den Zwang, darüber nachzudenken, was an den Geschichten nicht stimmt, und entwickeln eine Lust, die Unstimmigkeiten zu entlarven. Sie

> Blender suchen eine Bühne, auf der sie Anerkennung finden.

erzählen anderen die unglaublichen Geschichten. Man zweifelt, widerlegt und empört sich, und bleibt so doch im Bann des Blenders.

In nahen Beziehungen kommt die Enttäuschung unausweichlich. Ein Blender sagt von sich, er habe früher mit seinem Vater ein ganzes Bauernhaus modernisiert, kümmert sich in seiner Familie aber monatelang nicht um die Tür, die übers Parkett schabt. Die heißen Tipps eines Blenders zur Geldanlage, Pflanzenpflege oder zur Lösung eines PC-Problems erweisen sich als Flop. Am liebsten würde man dem Blender dann auf den Kopf zu sagen: „Du hast total übertrieben!" Oder: „Du hast ja keine Ahnung davon!" Dann muss man aber mit heftigen Reaktionen rechnen. Sie reichen vom gekränkten Rückzug über Szenen mit langen Erklärungen bis zu Gegenschlägen, die das Urteilsvermögen von Kritikern angreifen.

So angenehm das gewinnende Auftreten von Blendern berührt, so bitter ist die Enttäuschung, wenn sie nicht halten, was sie versprechen. Daher ist eine nüchterne Einschätzung notwendig, wenn man mit ihnen gut zurechtkommen will.

Mit Abstand betrachtet

In der Gegenwart von Blendern kann man sich pudelwohl fühlen. Sie haben ein Gespür für die Bedürfnisse anderer Menschen. Oft spielen sie genau die Rolle, die von anderen gewünscht wird. Blender sind anregende Gesprächspartner, mit ihren unglaublichen Geschichten können sie andere bestens unterhalten. Meist sind sie Naturtalente in einem speziellen Bereich und können dort Erstaunliches leisten. Wenn Blender ein Instrument beherrschen, wissen sie, wie sie anderen damit Freude machen. Wenn sie einflussreiche Freunde gewonnen haben, geben sie Privilegien gerne weiter.

Blender kommen außerdem einem menschlichen Grundbedürfnis entgegen: Wir lieben Illusionen. Mit dem Auto wollen wir uns ein Lebensgefühl kaufen, mit Bioprodukten den Einklang mit der Natur. Blender sind die geborenen Illusionisten, die aus Kieseln Edelsteine machen. Wo immer wir ein wenig Selbstbetrug brauchen, um uns zu begeistern oder unser Gewissen zu beruhigen, können wir auf die Hilfe von Blendern zählen.

Doch das helle Licht von Blendern wirft umso schärfere Schatten.

Denn Blender wecken Erwartungen, die sie nicht einlösen können. Die Enttäuschung trifft besonders, wenn andere auf ein Versprechen hin Zeit oder Geld investiert haben. Oft schwanken Betroffene dann zwischen dem Zorn auf den Blender und der Wut auf sich selbst, so gutgläubig gewesen zu sein.

Blender beschädigen ein kostbares Gut: das Vertrauen. Der zwischenmenschliche Schaden weckt oft den tiefsten Schmerz und den stärksten Zorn. Beziehungen beruhen darauf, dass einer den Worten des anderen trauen kann. Deshalb reagieren viele Menschen sehr emotional, wenn Vertrauen verletzt wird. Oft richten Blender durch ihre Unehrlichkeit mehr Schaden an als durch das, was sie andern schuldig bleiben. Wenn ein Vorgesetzter zum Beispiel offen zu einer Schwäche steht, können seine Mitarbeiter meist gut mit diesem Mangel leben. Ein Vorgesetzter aber, der über ein Defizit hinwegtäuscht, schädigt das Arbeitsklima und die Produktivität. Auf diese Weise stehlen Blender anderen nicht nur Aufmerksamkeit, Zeit und Geld, sondern rauben ihnen auch ihr Vertrauen.

> Blender sind die geborenen Illusionisten, die aus Kieseln Edelsteine machen.

Falsche Hoffnung, echte Chancen

Blender spiegeln ein Wunschbild vor, das andere gerne glauben. Sie enttäuschen, aber nur den, der sich von einem Wunschbild blenden lässt. Wer es durchschaut, schützt sich vor Enttäuschungen.

Selbstdarstellung sollte misstrauisch machen, wenn sie keinem nachvollziehbaren Ziel dient. Wenn ein Unternehmer ein teures Auto fährt, unterstreicht er seinen Erfolg und seine Leistungsfähigkeit. In manchen Branchen ist das sinnvoll und gehört zum Marketing. Wer sich dagegen als Angestellter ein teures Auto leistet, pflegt sein eigenes Image und wird dafür persönliche Gründe haben. Wenn ein Chirurg gegenüber Patienten erwähnt, dass er einen Eingriff schon mehrere hundert Male vorgenommen hat, ist das ein Akt der Fürsorge, weil er Patienten damit beruhigen kann. Wenn er vor Kollegen mit seiner Routine prahlt, baut er ein unangreifbares Image auf und macht

> Blender beschädigen ein kostbares Gut: das Vertrauen.

41

es anderen schwer, auch einmal fachliche Kritik zu üben. Selbstdarstellung, die kein positives Ziel hat, sollte also misstrauisch machen.

Darüber hinaus verraten sich Blender oft durch Übertreibungen. Sie lieben es, ihre Umgebung in Staunen zu versetzen. Ein ungläubiges Staunen ist allerdings angebracht, wenn Leistungen, Fähigkeiten und Kontakte allzu ungewöhnlich sind. Ihr offenes Wesen macht es Blendern außerdem schwer zu verbergen, was sie verrät: In ihren Geschichten finden sich oft Hinweise auf vergangene Misserfolge, lebensgeschichtliche Brüche oder Geldprobleme. Verräterisch ist auch das Fehlen langjähriger Freundschaften und Geschäftsbeziehungen. Im Leben von Blendern scheint es oft keine Vergangenheit zu geben. Auf ihren Partys tauchen Menschen auf, die Blender noch nicht lange kennen. Die Enttäuschungen, die Blender anderen bereiten, zwingen sie oft, woanders noch einmal neu zu beginnen.

Doch auch wenn man einen Blender durchschaut, kann es sehr schwerfallen, ein Wunschbild loszulassen. Wer will nicht lieber einen Kollegen haben, der einem Chancen eröffnet als einen, der sich mit wenigen Fähigkeiten durchschlägt? Wer hält seinen Vorgesetzten nicht lieber für kompetent, als sich einzugestehen, dass dieser über weniger Fähigkeiten verfügt als die Mitarbeiter, die er führen soll? Manchmal hat der Verstand längst die richtigen Schlussfolgerungen gezogen, aber die Gefühle halten noch an der Täuschung fest. Loslassen bedeutet dann, eine traurige Realität anzunehmen: Der Strahlemann kommt mit seinem Leben nicht gut klar und hat viele Probleme; die beeindruckend auftretende Kollegin hat schlimme fachliche Mängel; ein Vorgesetzter wird einen in vielerlei Hinsicht im Stich lassen, obwohl er überall einen guten Eindruck macht.

> Entlarvungsversuche treiben die Selbstdarstellung von Blendern meist auf die Spitze.

Loslassen schützt auch vor unangenehmen Verwicklungen in der Beziehung. Denn nur zu gerne würde man Blender zwingen, ihre Versprechen auch einzulösen. Doch ob man erinnert, fordert oder seine Enttäuschung ausdrückt, nichts ändert die Tatsache, dass einem der Blender nicht geben kann, was er einem versprochen hat.

Eine weitere Versuchung besteht darin, den Blender bloßzustellen wie in der folgenden typischen Situation:

„Seien wir doch mal ehrlich", sagt Mike zu Blender Daniel. „Du verstehst gar nicht viel von Computern."
„Was soll denn das heißen?", gibt Daniel beleidigt zurück. „Findest du das nicht ganz schön arrogant, mir so etwas zu sagen?" In der nächsten Zeit taucht Daniel nicht nur mit einer führenden Computerzeitschrift auf, sondern bringt seine PC-Kenntnisse bei jeder passenden und unpassenden Gelegenheit ein.

Entlarvungsversuche treiben die Selbstdarstellung von Blendern meist auf die Spitze.

Manchmal gelingt es anderen, Blender in eine Situation zu drängen, in der sie sich bis auf die Knochen blamieren. Doch süß ist eine solche Rache nur in der Fantasie. In der Realität folgt der kurzen Befriedigung eine Ernüchterung. Der Blender lernt nichts aus der peinlichen Situation, es bleibt eine ungute Stimmung zurück.

Wer die traurige Wahrheit über Blender akzeptiert, entspannt seinen Umgang mit ihnen schon sehr. Trotzdem kann es schwierig werden, besonders wenn man von der Zusammenarbeit mit einem Blender abhängig ist – sei es im Beruf, im Ehrenamt, im Freundeskreis oder in der Familie. Dann bleibt einem nichts anderes übrig, als sich seine Ziele bescheidener zu setzen. Die Mängel des Blenders werden sich in der Qualität des gemeinsamen Projektes niederschlagen und mehr als nur ein durchschnittliches Ergebnis wird oft nicht zu erzielen sein. Im Umfeld von Blendern können die Karrierechancen und Entfaltungsmöglichkeiten eingeschränkt sein. Vielerorts kann man aber auch mit durchschnittlichen Ergebnissen glücklich sein. Eine Familienfeier kann auch ein schönes Erlebnis werden, wenn ein Blender einige Pannen verursacht. In größeren Firmen oder Behörden gibt es manchmal Abteilungen, die trotz mäßiger Leistung bestehen können. Wo aber die Arbeit Qualität verlangt, wird man oft nur weiterkommen, wenn man sich aus der Zusammenarbeit mit einem Blender löst.

Blender entzaubern

Wenn ein Blender in Ihr Leben tritt, stehen Sie vor zwei Aufgaben: Zum einen sollten Sie sich der Selbstdarstellung des Blenders entziehen, damit Sie seine unglaublichen Geschichten nicht gefangen nehmen und Sie womöglich Zeit, Geld oder Aufmerksamkeit in Luftschlösser investieren. Zum andern sind Sie früher oder später mit dem Unvermögen konfrontiert, dass Blender so gut kaschieren. Von diesen Defiziten können Sie sich unabhängig machen und Blender zu echter Leistung motivieren. Das geht leichter, wenn Sie eine gute Chemie mit ihnen zusammen brauen. Welche Zutaten es dafür bei Blendern braucht, das ahnen Sie sicher: Aufmerksamkeit, Staunen, Lob, Anerkennung und das Hinwegsehen über Defizite.

Auf einigen Gebieten sind Blender meist begabt und können ihre Fähigkeiten zum Nutzen anderer ausspielen. Wenn Sie sich in solchen Momenten für einen Blender begeistern können und Ihre Anerkennung ausdrücken, erzeugen Sie eine positive Chemie. Das erleichtert die folgenden Maßnahmen.

Seifenblasen vorüberziehen lassen

Blender blasen einen Tropfen Wahrheit zu einer bunten Seifenblase auf. Manche sind von dem schillernden Gebilde fasziniert, dann hat ein Blender sein Ziel erreicht. Andere würden die Blase am liebsten zum Platzen bringen. Doch jede geplatzte Blase spornt Blender nur an, zwei neue zu formen. Stattdessen kann man eine unglaubliche Geschichte einfach unkommentiert vorüberziehen lassen und der Selbstdarstellung so die Aufmerksamkeit entziehen. Dabei muss man manchmal gegen Höflichkeitsregeln verstoßen. Denn die schreiben uns Interesse und bestätigende Verhaltensweisen wie Nicken vor. Aber wie schon erwähnt, sitzt man im Umgang mit schwierigen Menschen in einer Falle, wenn man sich von den Höflichkeitsregeln binden lässt.

Ein Themenwechsel genügt oft schon und eine Seifenblase zieht unbeachtet vorüber. Dieser gelingt nach einer kurzen Unterbrechung besonders gut, indem man zum Beispiel ein Fenster öffnet oder schließt, ein Getränk holt oder den Tisch abräumt. In manchen Situationen kann man einen Themenwechsel aber auch ganz offen einleiten, zum Beispiel mit einer Formulierung wie dieser: „Ich freue mich über die gute Erfahrung, die du gemacht hast, aber ich würde gerne noch über etwas anderes sprechen."

> Blender blasen einen Tropfen Wahrheit zu einer bunten Seifenblase auf.

Oft suchen Blender nur ein Publikum. Manchmal werben sie mit ihren Geschichten aber auch um Geld oder Mithilfe, um ihre ehrgeizigen Vorhaben voranzubringen. Wie geht man mit solchen Anfragen um? Fachleute wie der amerikanische Psychologe Albert Bernstein raten, die Projekte von Blendern genau zu prüfen.[1] Man könne genaue Informationen einholen oder jemanden fragen, der sich auf einem bestimmten Gebiet sehr gut auskennt.

Mein Rat geht einen Schritt weiter: Investieren Sie in die Vorhaben von Blendern weder Zeit noch Geld. „Wo dein Schatz ist, da ist dein Herz", heißt es schon in der Bibel. Wo Sie sich engagieren, gehen Sie eine emotionale Bindung ein, die Ihre Gefühle in die Abhängigkeit eines schwierigen Menschen bringt. Natürlich kann das Projekt eines Blenders auch einmal gelingen und damit interessante Chancen eröffnen. Nur ist das Risiko eines Scheiterns höher als bei einem vertrauenswürdigen Menschen. Wenn ein vertrauenswürdiger Mensch einmal scheitert, kann man außerdem leichter damit umgehen als mit dem Gefühl, einem Blender auf den Leim gegangen zu sein. Wer sich praktisch oder finanziell für ein besonderes Projekt engagieren möchte, wird immer auch vertrauenswürdige Menschen finden, bei denen das möglich ist.

Manchmal stellt sich eine Gewissensfrage: Sollte man einem Blender nicht helfen, wenn ihm zum Beispiel nur noch 200 Euro fehlen, um in angemessenem Aufzug zu einem Bewerbungsgespräch zu gehen? Ein Blender wird die Illusion wecken, dass sein Schicksal in Ihrer Hand liegt. Das stimmt natürlich nicht. Blender sind oft bestens vernetzt und finden im Zweifelsfall immer gutgläubige Menschen, die ihnen aushelfen. Die finanzielle Hilfe wird in einem sandigen Boden versickern, denn Blender werden ihre Liebe zu Statussymbolen und Luftschlössern nicht aufgeben. Echte Hilfe sieht anders aus. Gelegentlich lassen Blender Menschen in ihr Leben hineinsprechen, Selbsttäuschungen korrigieren und ihre Aufmerksamkeit auf Aktivitäten lenken, die Erfolg versprechen. In manchen Fällen kann man Hilfe auch an Bedingungen knüpfen. So kann man zum Beispiel einen Gang zur Schuldnerberatung fordern, bevor man einem Blender finanziell aushilft.

---

1 Bernstein, Albert J. (2012). Emotional Vampires. Dealing with People Who Drain You Dry. McGraw-Hill Publ., New York. S.160.

Unabhängig bleiben

Niemand muss sich auf eine Kooperation einlassen, deren Ergebnis vermutlich enttäuschen wird. Aber wie vermittelt man Blendern auf taktvolle Weise ein Nein? Am liebsten würde man ihnen unverblümt die Wahrheit sagen: „Ich werde mich auf keinen Fall dafür engagieren. Am Ende schmücken Sie sich doch wieder mit meinen Federn!" Oder: „Das Geld, das ich dir heute gebe, steckst du morgen wieder in ein neues Luftschloss. Ich bin doch nicht verrückt." Aber Entlarvungsversuche können gefährlich sein. Blender schließen ihre Kritiker manchmal aus und tun so, als gäbe es sie nicht mehr. Gerade im Berufsleben kann das in schwierige Situationen führen.

Wenn Sie gegenüber einem Blender Nein sagen müssen, stehen Sie mit einer vagen Begründung auf der sicheren Seite. Vage werden Begründungen, wenn sie subjektiv sind, zum Beispiel:

- „Tut mir leid. Ich hätte dabei kein gutes Gefühl."
- „Nein, mein Bauchgefühl rät mir davon ab."
- „Das würde ich lieber nicht. Ich weiß nicht, ob ich mich damit hinterher wirklich wohlfühlen würde."

> Blender suchen sich mit Vorliebe Tätigkeiten, deren Ergebnis schwer zu beurteilen ist.

Wenn der Blender nach dem Warum fragt, bleiben Sie einfach vage: „Das ist meine intuitive Einschätzung." – „Irgendetwas in mir sagt Nein dazu." – „Sei mir nicht böse, aber irgendwie geht es nicht für mich." Blender, die immer eine Entlarvung fürchten, sind für nebulöse Antworten in der Regel dankbar. Auch Lebensweisheiten können als Scheinbegründungen herhalten: „Ich sage mir dann: Schuster, bleib bei deinen Leisten." Oder: „Mein Vater hat immer gesagt: ,Tu nur, was du auch wirklich verstehst.'"

Schonend sind auch subjektiv sachliche Begründungen wie: „Meine Zeit (mein Geld) ist gerade anders gebunden." Oder: „Im Moment würde mich das überfordern, weil ich so viele andere Verpflichtungen habe." Die Formulierungsvorschläge können Sie im Bedarfsfall so lange aneinanderreihen, bis die Botschaft angekommen ist.

Blender suchen sich mit Vorliebe Tätigkeiten, deren Ergebnis schwer zu beurteilen ist. Deshalb begegnen sie uns als Verkäufer, Finanzberater, Werkstattleiter oder auch in vielen Gesundheitsberufen. Wie kann man hier erkennen, ob man einem Blender gegenübersteht? Wenn sich ein Aktienfond schlecht entwickelt, kann dies an den unvermeidbaren Risiken liegen, aber auch an einer inkompetenten Empfehlung des Beraters. Wenn eine medizinische Behandlung nicht gut läuft, stellt man sich die Frage, ob dies am Krankheitsverlauf oder am Unvermögen eines Arztes liegt. Ehrliche Fachleute klären über die Risiken auf und gestehen offen ein, wenn etwas nicht gut läuft. Blender dagegen reden Misserfolge schön. Sie suchen nach Erklärungen, die sie gänzlich von der Verantwortung befreien. Sie motivieren zum Weitermachen und lassen sich dabei zu Versprechungen hinreißen, die zweifeln lassen. Spätestens in solchen Situationen ist es an der Zeit, sich eine zweite Meinung einzuholen. Oft entlarvt erst ein Arztwechsel, ein Beraterwechsel oder der Wechsel einer Werkstatt das Unvermögen eines Blenders.

Aber nicht immer kann man sich Blendern durch einen Wechsel entziehen. Manchmal muss man auch mit ihnen zusammenarbeiten oder -leben. Wie soll man dann mit ihrem Unvermögen umgehen? Oft lässt sich woanders finden, was einem ein Blender nicht geben kann. Wo einem Chef die Kenntnisse fehlen, können Mitarbeiter woanders Hilfe finden: in einer Fortbildung, bei erfahrenen Kollegen, bei einem externen Berater, Coach oder Supervisor. Wenn zum Beispiel der PR-Mann Ihres Unternehmens ein Blender ist, wird er Ihr Projekt nicht öffentlichkeitswirksam platzieren. Aber vielleicht gibt es im Unternehmen jemanden, der sich in PR-Fragen gut auskennt und die mangelnden Fähigkeiten eines Blenders ausgleichen kann. In manchen Fällen lohnt es sich sogar, Know-how auf eigene Kosten zu erwerben, weil das besser ist, als beruflich auf der Stelle zu treten. Die Suche nach Alternativen entlastet emotional auch sehr. Denn wer bei einem Blender Kenntnisse und Fähigkeiten finden will, die dieser nicht hat, vergeudet seine Kraft.

Blender lieben Assistenten. Hier liegt eine zweite Chance, sich vom

> Erfolgreiche Blender haben Menschen im Hintergrund, die die eigentliche Leistung bringen: einen Staatssekretär, eine Sekretärin oder auch einen Ehepartner.

Unvermögen eines anderen unabhängig zu machen. Erfolgreiche Blender haben Menschen im Hintergrund, die die eigentliche Leistung bringen: einen Staatssekretär, eine Sekretärin oder auch einen Ehepartner. Das kann eine erfolgreiche Aufgabenteilung sein: einer arbeitet, der andere repräsentiert. Deshalb werden sich Blender kaum dagegen wehren, wenn man ihnen einen Assistenten an die Seite stellt. Ein Blender, der die Vereinshomepage betreut, wird die Veranstaltungshinweise vielleicht falsch oder zu spät ins Netz stellen. In einem solchen Fall könnte man einem Blender folgende Arbeitsteilung vorschlagen: „Du kümmerst dich um das Design und das Konzept der Homepage. Aber wie wäre es, wenn wir dir für den Kleinkram der Datenpflege Herta an die Seite stellen? Dann kannst du dich um die großen Karos kümmern." Herta ist nicht nur technisch versiert und zuverlässig, sondern auch bescheiden. Sie kann schmunzeln, wenn ihr Blender Lorbeeren erntet, die eigentlich auf Hertas Haupt gehören. Wenn Sie solche Eigenschaften haben, könnten Sie sich auch selbst als Assistentin oder Assistent eines Blenders ins Spiel bringen. Solche Notlösungen sind in Situationen möglich, in denen man sich von einem Blender nicht trennen kann oder will.

Einen dritten Weg gibt es noch, mit dem Unvermögen von Blendern umzugehen: die Verantwortungsbereiche klar aufteilen. Wenn es Probleme gibt, kann man dann die eigene Leistung und den eigenen Beitrag benennen, der Misserfolg fällt dann auf den Blender zurück. Besprechungsprotokolle oder Rundmails sind gute Instrumente, um eine Aufgabenteilung festzuhalten. Dann kann Ihr positiver Beitrag selbst dann gewürdigt werden, wenn das Projekt durch einen Blender scheitert. Manchmal werden Sie auch eingreifen müssen, wenn ein Blender Ihren Beitrag als eigene Leistung darstellt. In solchen Fällen kann man – beiläufig und ohne Vorwurf – die eigene Leistung kenntlich machen: „Das Modell, das Frau Luft Ihnen vorgestellt hat, habe ich erarbeitet. Deshalb ergänze ich noch folgende interessante Aspekte ..."

Die Strategien dieses Abschnittes machen Sie von den Schwächen eines Blenders unabhängiger. In einer längeren Beziehung können Sie auch Anreize setzen, die echte Leistung fördern.

Die Leistung von Blendern verbessern

Blender lernen am besten inkognito. Wo sie beiläufig lernen und ihre Schwächen nicht offenbaren müssen, entwickeln sie sich durchaus weiter. Das ist zum Beispiel auf Fortbildungen möglich. Blender sitzen dann da und nicken wissend, als wäre ihnen längst bekannt, was ein Referent vorträgt. Dennoch sind sie aufmerksam und schließen ihre Wissenslücken. Laden Sie Blender aber besser nicht auf Fortbildungen ein, in denen es um Grundsätzliches geht. Die Vorstellung, etwas zu lernen, das man nicht sofort in Szene setzen kann, langweilt Blender. Kochbuchartiges Anwendungswissen hat die besten Chancen, ihr Interesse zu wecken.

Darüber hinaus können Sie Blendern ein Modell sein, das diese nachahmen können. Machen Sie Ihr Vorgehen transparent. Denken Sie laut. In der Praxis kann das so aussehen:

> Blenderin Birgit fehlen die sozialen Kompetenzen, um mit ihren jugendlichen Töchtern angemessen umzugehen. Ihre Freundin Gudrun kann es kaum mitansehen, wenn sie zu Besuch ist. Gudrun hat Birgit schon auf ungünstiges Verhalten hingewiesen und ihr Verbesserungsvorschläge unterbreitet. Das hätte sie lieber bleiben lassen. Die nächsten Begegnungen waren von Birgits Selbstdarstellung geprägt. Sie schwärmte davon, wie toll es in ihrer Familie läuft. Sie streute Binsenweisheiten zur Erziehung ein. Zufällig hat Gudrun entdeckt, wie es besser läuft. Einmal hat sie nämlich beiläufig erwähnt, wie sie mit ihrer Tochter umgeht: „Bevor ich Alisa kritisiere, sage ich ihr erst mal ein paar positive Dinge." Kurz darauf beobachtete Gudrun, wie sich Birgit diese Strategie aneignete.

Auch im Büro können Sie beiläufig erwähnen, wie Sie mit Ihren Aufgaben oder einem Problem umgehen. Blender werden Sie nachahmen und so bessere Ergebnisse erzielen. Dass sie Ihr Know-how bald für ihr eigenes ausgeben, muss Sie nicht weiter stören. Denn nur selten steht man in einem Konkurrenzverhältnis, in dem man andere ausstechen muss. Meist macht die Zusammenarbeit mit kompetenteren Kollegen mehr Freude.

Manchmal schlägt Blendern die Stunde der Wahrheit. Denn jede Leistung lässt sich messen. Heute werden zum Beispiel an vielen Universitäten die Leistungen der Professoren von ihren Studenten beurteilt. Die Qualität ihrer Lehrveranstaltungen wird veröffentlicht. Das ist das Ende von Blendern. Sie geraten unter Druck, sich anzustrengen und die Qualität ihrer Leistungen zu verbessern. In anderen Bereichen kann man die Kundenzufriedenheit messen oder untersuchen, welche Abteilung in welchem Ausmaß zum Erfolg eines Unternehmens beiträgt. Wer eine Leistungsmessung einführt, zwingt Blender, sich Kompetenzen anzueignen, und wird mittelfristig besser mit ihnen auskommen.

Leben und leben lassen

Wenn man sich vor Blendern wirksam schützt, verrauchen auch Zorn und Enttäuschung. Oft wird sogar Mitgefühl möglich. Wie alle schwierigen Menschen tragen auch Blender ein Leid in sich. Ihre frühen Erfahrungen haben ein falsches Ich geformt.

Normalerweise müssen sich Kinder nicht anstrengen, die Aufmerksamkeit ihrer Eltern zu wecken. Die Eltern bestaunen die ersten Schritte, freuen sich über den Turm aus Bauklötzen und begeistern sich für die klugen Gedanken, die sich ein Kind über die Welt macht. Manche Eltern wünschen sich aber besondere Kinder. Sie halten Ausschau nach besonderen Leistungen, sie suchen nach Zeichen von Begabung. Dann ist der Turm ihres Kindes nur dann etwas wert, wenn er besser gelingt als der des gleichaltrigen Cousins. Manchmal sind Eltern auch zu sehr mit sich beschäftigt, um Unauffälliges wahrzunehmen. Normale Lebensäußerungen und Leistungen von kleinen Blendern bleiben dann unbeachtet. Also versuchen sie besser, origineller und begeisternder zu sein, als es ihrem Wesen und Entwicklungsstand entspricht. Weil das alles unbewusst abläuft, glauben kleine Blender an die eigene Inszenierung. Ein falsches Ich bildet sich aus. Der Drang, andere mit Wissen, Können und einer schillernden Persönlichkeit zu begeistern, bleibt bis ins Erwachsenenalter bestehen. Es bleibt aber auch die Angst vor Bedeutungslosigkeit, zudem entsteht mit den ersten Misserfolgen auch eine Angst vor Entlarvung.

> Wer eine Leistungsmessung einführt, zwingt Blender, sich Kompetenzen anzueignen, und wird mittelfristig besser mit ihnen auskommen.

Wer diese Tragik im Leben von Blendern ahnt, kann ihnen barmherzig begegnen. Dann schenkt man ihnen leichter die Aufmerksamkeit, das Staunen und die Begeisterung, die Blender zum Leben brauchen. Man kann auch leichter über Unstimmigkeiten, Defizite und Übertreibungen hinwegsehen. Natürlich muss man dabei nicht tun, als glaube man ihren unglaublichen Geschichten. Wie bei jedem anderen Menschen findet sich auch bei Blendern vieles, was man aufrichtig bewundern kann. Nehmen wir an, Ihr Kollege legt ein Konzept vor, das vor Superlativen nur so strotzt, oder Ihre Nachbarin erzählt von ihrem sozialen Engagement, als stünde sie kurz vor der Heiligsprechung. Aufgesetzt sind die Übertreibungen, echt sind aber der Fleiß, den beide investiert haben, und ihr Engagement für eine gute Sache. Ihr Lob könnte daher so klingen: „Du hast ja eine unglaubliche Mühe in die Sache gesteckt. Das finde ich toll." Wo vorhanden, können Sie die Verlässlichkeit, Freundlichkeit, den Einsatz, die Ausdauer und anderes loben – Qualitäten, die nicht von besonderer Begabung abhängen. Blender entspannen sich, wenn sie einmal nicht an ihren Erfolgen und Leistungen gemessen werden. Wenn sie sich beachtet fühlen, lässt ihre Selbstdarstellung nach und sie öffnen sich sogar für das, was andere wissen und können.

> Mit Blendern kommt man nur aus, wenn man ein gewisses Maß an Täuschung und Unwahrheit erträgt.

Die eigenen Grenzen akzeptieren

Mit Blendern kommt man nur aus, wenn man ein gewisses Maß an Täuschung und Unwahrheit erträgt. Gleichzeitig erfordert der Umgang mit ihnen Achtsamkeit. Man muss immer mal wieder einen Schritt zurücktreten, Abstand gewinnen und das Gehörte prüfen. Und schließlich muss die eigene Unabhängigkeit immer wieder aktiv hergestellt werden: durch Neinsagen, Trennen von Verantwortungsbereichen oder der Suche nach Menschen, bei denen man das findet, was ein Blender einem schuldig bleibt.

Manchen Menschen fällt es schwer, einen inneren Abstand zu wahren. Sie geraten immer wieder in Wechselbäder von Hoffnung und Enttäuschung, in die sie die Begegnung mit einem Blender taucht. Oft ist dann Abstand die beste Lösung. Betroffene können den privaten Kontakt einschränken oder sich beruflich verändern.

Überfordernd kann der Umgang mit Blendern auch für Menschen sein, die als Kind unter der Selbstdarstellung eines Elternteils gelitten haben. Betroffene sind dann gewissermaßen allergisch gegenüber Täuschungen. Sie reagieren mit starkem Misstrauen, Entlarvungsversuchen und einem Groll, wenn diese nicht gelingen. Auch dann ist es an der Zeit, sich selbst die eigenen Grenzen einzugestehen und Abstand vom Blender zu suchen. Wenn das die berufliche oder private Situation nicht erlaubt, können eine professionelle Beratung, ein Coaching oder eine Psychotherapie die Toleranzgrenzen erweitern, was die Konfrontation mit Täuschung angeht.

Blender verlocken, um Ihre Zeit und Ihre Unterstützung zu finden. Im nächsten Kapitel begegnen Ihnen Menschen, die Ihnen nichts bieten, dafür aber auf Ihre soziale Ader setzen.

Auf einen Blick:
Tipps zum Umgang mit Blendern

■ Misstrauen Sie Eigenschaften oder Versprechen, die zu schön sind, um wahr zu sein.

■ Akzeptieren Sie die Defizite von Blendern. Suchen Sie woanders, was Blender nicht geben können.

■ Versuchen Sie nicht, Blender zu entlarven. Erzeugen Sie durch Lob für positives Verhalten eine gute Chemie.

■ Investieren Sie nicht in unrealistische Projekte oder Versprechungen.

■ Teilen Sie Verantwortungsbereiche klar auf, damit Ihnen das Unvermögen von Blendern nicht angelastet wird. Machen Sie Ergebnisse, wo möglich, messbar.

■ Wenn Sie nicht in Konkurrenz zu einem Blender stehen: Lassen Sie sich in die Karten schauen und einen Blender so unauffällig lernen.

Energieräuber

Sie sind Kinder im Körper eines Erwachsenen. Das Leben macht ihnen Angst. Sie zweifeln an sich und ihren Entscheidungen. Misserfolge und Frustrationen setzen ihnen zu. Sie folgen impulsiv ihren Gefühlen, auch wenn es ihnen Nachteile bringt. Eigentlich bräuchten sie noch Eltern, die sie durchs Leben geleiten. Daher übernehmen andere oft Verantwortung für Energieräuber. Wer aber einen Erwachsenen bemuttert, übernimmt sich und braucht seine Kräfte auf.

Das zeigen die folgenden Beispiele.

Evelin redet und redet: „Soll ich nun wieder arbeiten gehen oder nicht? Zu Hause fällt mir die Decke auf den Kopf. Aber wenn ich wieder arbeite, schaffe ich dann überhaupt noch alles?" Je länger Almut zuhört, desto angespannter fühlt sie sich. Sie stützt einen Ellenbogen auf und massiert ihren schmerzenden Nacken. Das Thema hat sie mit Evelin schon ein Dutzend Mal durchgekaut. Aber Evelin kommt einfach nicht weiter.

———

Stefan leitet eine Gruppe in einem Heim für Schwererziehbare. Seine Mitarbeiterin Ruth bereitet ihm mehr Kopfzerbrechen als die Jungs in seiner Gruppe. Wenn ein Problem auftritt, will Ruth es mit Stefan so lange besprechen, bis eine Lösung gefunden ist. Das kostet viel Zeit, die Stefan für andere Aufgaben bräuchte. Außerdem fordert Ruth strenge Regeln und Sanktionen, wenn sich die Jungs ihr gegenüber nicht angemessen verhalten. Aber Stefan kann Ruth weder für jedes Problem eine Lösung vorkauen, noch will er die Rolle eines strengen Vaters spielen, der die Kinder zur Rechenschaft zieht, wenn die Mutter nicht mit ihnen zurechtkommt. Auch unter Kollegen wirkt Ruth unselbstständig. Wenn das Team zum Beispiel an einer Fortbildung teilnimmt, kann Ruth in den Pausen oft nichts mit sich anfangen. Sie blickt Stefan mit fragenden Augen an, sodass er sich verpflichtet fühlt, auf sie zuzugehen und ein paar Worte mit ihr zu reden.

━━━━━━━

Vorstandssitzung eines SPD-Ortsvereins. Unter Sonstiges wird Falco zum Thema. Er sprudelt vor Ideen und hält die Sitzungen mit Anträgen auf, die unausgereift sind. Auch bei Diskussionen spricht er aus, was ihm gerade in den Sinn kommt. So reicht die Qualität seiner Beiträge von interessanten Ideen bis zu blankem Unsinn. Entsprechend beginnen die Antworten auf Falcos Beiträge oft mit: „Denk doch mal nach …" oder „Siehst du denn nicht, dass …" Aber selbst das Augenrollen genervter Mitglieder bremst die Mitteilungsfreude von Falco nicht. „Dann muss ihn halt mal jemand auf sein Verhalten ansprechen", schlägt der Schriftführer vor. „Vielleicht ist es ihm gar nicht so bewusst." – „Habe ich längst", seufzt die Vorsitzende. „Erst hat Falco ganz verwirrt reagiert, dann hat er sich übertrieben entschuldigt und zuletzt gerechtfertigt, dass doch jeder seine Meinung sagen darf. Wir sind einfach nicht auf den Punkt gekommen. In der nächsten Sitzung war Falco so ruhig, dass ich mir schon Gedanken gemacht habe. Aber in der Sitzung darauf war er schon wieder ganz der Alte."

So unterschiedlich Birgit, Ruth und Falco sind, eines ist ihnen doch gemeinsam: Sie stehen hilflos vor den Anforderungen des Lebens und folgen ihren spontanen Impulsen in einer Weise, dass andere eingreifen müssen. Ihnen fehlt jenes Maß an erwachsener Verantwortung, das Menschen benötigen, um ihre Bedürfnisse mit den Erwartungen ihrer Umwelt in Einklang zu bringen.

Energieräuber leben in einem Zwiespalt. Ihr Denken und Fühlen ist kindlich. Doch sie stecken in der Lebenssituation eines Erwachsenen. Einerseits wünschen sie sich Ersatzeltern, andererseits wollen sie aber auch ernst genommen werden und selbst über ihr Leben entscheiden. Ein Dilemma. Dies führt zu einem zwiespältigen Wunsch nach Hilfe, den eine Redensart treffend beschreibt: „Wasch mich, aber mach mich nicht nass." Die psychologische Fachsprache nennt Menschen mit dieser Ambivalenz *help rejecting complainer*, im Deutschen etwa: Nörgler, die fremde Hilfe ablehnen.

Diese Ambivalenz vermittelt sich im Gespräch mit Energieräubern. Die menschliche Kommunikation läuft auf so vielen Kanälen ab, dass sich leicht Doppelbotschaften senden lassen. Die Stimme kann Verzweiflung ausdrücken, während die Worte einen gefassten Bericht abgeben. Umgekehrt können alarmierende Worte in einem neutralen Tonfall ausgesprochen werden, wie ihn Nachrichtensprecher wählen. Sensible Zuhörer stehen dann unter Strom und wissen nicht, auf welche der beiden Botschaften sie reagieren sollen. Wer dem über einen längeren Zeitraum ausgesetzt ist, spürt die gestaute Energie in Form von Anspannung. Wer zu Rückenschmerzen, Kopfschmerzen, Schlafstörungen oder anderen psychosomatischen Beschwerden neigt, kann die Anspannung sogar an seinen Symptomen ablesen.

> Energieräuber stehen hilflos vor den Anforderungen des Lebens und folgen ihren spontanen Impulsen in einer Weise, dass andere eingreifen müssen.

Wenn Energieräuber in eine Gruppe kommen – in ein Team, eine Kirchengemeinde oder einen Freundeskreis – aktiviert sich ein unbewusstes Radar. Anhand ihrer Beobachtungen teilen Energieräuber Menschen in drei Gruppen ein: Die Schwachen sind selbst mit Problemen beschäftigt und scheiden als Mutter- oder Vaterfiguren aus. Die Harten ignorieren kindliche Signale. Sie überfordern Energieräuber und scheiden definitiv als Bezugspersonen aus. Übrig bleibt die Gruppe der Sozialen. Sie sind reife Persönlichkeiten, die ihr Leben meistern und ihre eigenen Bedürfnisse zurückstellen können, wenn es die Situation erfordert. Sie sind für die kindlichen Signale empfänglich, die Energieräuber aussenden. Sie besitzen Frustrationstoleranz und setzen sich auch dann noch ein, wenn es nicht mit Ergebnissen belohnt wird. So knüpfen Energieräuber ihre Kontakte zu sozialen Menschen, oft zu mehreren, denn die kindlichen Bedürfnisse melden sich rund um

> Energieräuber teilen Menschen in drei Gruppen ein: die Schwachen, die Harten und die Gruppe der Sozialen.

die Uhr. Auf diese Weise sind manchmal die Energien vieler Helfer gebunden. Sie erschrecken, wenn sie zufällig herausfinden, wie viele Eltern sich um das Problemkind kümmern.

Mit Abstand betrachtet

Zum Glück besteht das Leben nicht nur aus Anforderungen und Problemen. Pausen, Urlaubszeiten oder Freizeit eröffnen Spielräume, in denen Kindlichkeit ihren Platz hat. Hier haben Energieräuber ihre besten Momente. Man kann mit ihnen wunderbar unvernünftig sein. Durch ihre eigene Empfindsamkeit haben Energieräuber außerdem oft ein ausgeprägtes Einfühlungsvermögen entwickelt. Sie gehen fürsorglich und einfallsreich mit anderen um, besonders in ausgelassenen Momenten.

Auch in ganz anderer Hinsicht können von Energieräubern positive Impulse ausgehen. Ein schwaches Glied fordert die Menschlichkeit einer Gemeinschaft heraus. Dies ist vergleichbar mit der Herausforderung einer Familie, die für ein behindertes Kind sorgt. Wenn eine Familie eine solche Herausforderung annehmen und bewältigen kann, entfaltet sie viele menschliche Qualitäten in besonderer Weise: Verständnis, Geduld, Wärme, Humor, einen gelassenen Umgang mit den eigenen Schwächen und denen anderer. Ähnliche Qualitäten können auch Energieräuber hervorlocken, wenn ihre Bedürfnisse von einem Team positiv beantwortet werden.

Ihre Schwäche und Schutzbedürftigkeit darf aber über eines nicht hinwegtäuschen: Energieräuber können die Zeit, Kraft und Aufmerksamkeit anderer in einer Weise binden, die auslaugt und überfordert. Die geraubte Energie fehlt dann an anderen Stellen. Betroffene investieren manchmal Zeit, die sie eigentlich zum Entspannen bräuchten. Wichtige Aufgaben bleiben liegen. Ehepartner, Freunde oder Kollegen beklagen sich, dass sie zu kurz kommen, oder reagieren mit Eifersucht auf den Energieräuber.

> Energieräuber können die Zeit, Kraft und Aufmerksamkeit anderer in einer Weise binden, die auslaugt und überfordert.

Schließlich zieht es Energieräuber oft in soziale Berufe. Denn dort herrscht oft ein fürsorgliches und verständnisvolles Klima. Wenn Energieräuber einen sozialen Beruf ausüben, kommt es manchmal zu einer verhängnisvollen Rollenumkehr. Patienten berichten mir gelegentlich von Psychotherapeuten, die ihnen viel aus ihrem Leben erzählt haben und ihre eigenen Probleme ins Gespräch eingebracht haben. Heimbewohner gehen liebevoll auf eine Altenpflegerin ein, die vom beruflichen Stress überfordert ist.

Suchtkranke spielen ihrem Sozialarbeiter Erfolge vor, weil dieser bedrückt wirkt und sie ihm die Realität ihres Lebens nicht zumuten wollen. Das ist natürlich ein schlimmer Zustand, wenn Helfer mehr Zuwendung brauchen als ihre Schutzbefohlenen.

So harmlos kindliche Bedürfnisse eines Erwachsenen erscheinen mögen, so können sie doch erhebliche Probleme verursachen.

Falsche Hoffnung, echte Chancen

In unsere Umgangssprache haben sich vor einigen Jahren die „Gutmenschen" eingebürgert. In dieser Wortschöpfung steckt eine hilfreiche Einsicht: Man kann es mit dem Gutsein auch übertreiben. Niemand würde Mutter Teresa oder Albert Schweitzer einen Gutmenschen schimpfen. Die Wortschöpfung bezeichnet vielmehr Menschen, die sich verbiegen oder überfordern, nur um als guter Mensch zu gelten. Wer bei sich eine solche Ambition entdeckt, sollte wachsam sein – im Umgang mit Energieräubern kann sie zur Falle werden. Hier braucht es die Freiheit, auch einmal als unsozial, hartherzig oder egoistisch dazustehen. Energieräuber vermitteln einem das Gefühl, schlecht zu sein, wenn man auf ihre Bedürfnisse nicht eingeht. Niemand muss den Beweis führen, dass er ein guter Mensch ist. Wer unter einem solchen Zwang steht, wird schnell zum Opfer von Energieräubern.

> Energieräuber vermitteln einem das Gefühl, schlecht zu sein, wenn man auf ihre Bedürfnisse nicht eingeht.

Doch nicht nur Helfertypen verwickeln sich mit Energieräubern in Probleme. Distanzierte Menschen reagieren wenig auf die emotionalen Signale anderer. Dadurch ignorieren sie auch die kindlichen Bedürfnisse von Energieräubern, die sich dadurch abgewiesen fühlen. Diese konfrontieren distanzierte Menschen daher oft mit Beschwerden und Unzufriedenheit. Energieräuber bemängeln bei ihrem kühlen Vorgesetzten den Führungsstil und die Arbeitsbedingungen. Auch distanzierten Kollegen machen Energieräuber Vorwürfe. Sie kritisieren deren Art zu kommunizieren, ihren Arbeitsstil oder kleine Fehler. Um all das geht es im Grunde nicht, Energieräuber machen so nur ihren Mangelgefühlen Luft. Eigentlich fehlt es ihnen an Unterstützung, Einfühlung,

Schutz und anderen emotionalen Zuwendungen. Wer Energieräubern nicht das notwendige Minimum an Zuwendung gibt, wird also häufig mit Unzufriedenheit konfrontiert.

Zwei Wünsche sollte man im Umgang mit Energieräubern daher lieber loslassen: zum einen den Wunsch, sich als guter Mensch zu fühlen, zum anderen den Wunsch, von den persönlichen Gefühlen und Bedürfnissen anderer verschont zu werden.

Energieräuber maßvoll unterstützen

Bei Energieräubern haben wir es mit kindlichen Verhaltensweisen zu tun. Insofern ähnelt der Umgang mit ihnen der Kindererziehung. Kinder sind verletzbare und schutzbedürftige Wesen. Aggression ist daher nie die richtige Antwort auf ihr Verhalten. Laut werden, drohen, die Person kritisieren, verletzende Ironie oder scharfe Worte sind Reaktionen, die sowohl schädlich als auch unnötig sind. Zur Erziehung stehen wirksamere Methoden zur Verfügung. Mit ihnen kann man auch auf kindliche Verhaltensweisen Erwachsener antworten. In diesem Abschnitt stelle ich Ihnen Strategien vor, die sich in der Kindererziehung bewährt haben, aber auch in sozialen Berufen eingesetzt werden.

Begrenztes „Nachbeeltern"

Was erwachsene Energieräuber heute einfordern, hat ihnen als Kind gefehlt: Wegweisung, Rat, Entlastung von Verantwortung, Lob, Bestätigung, Beruhigung, Vergewisserung oder Hilfe bei der Kontrolle der eigenen Impulse.

Was erwachsene Energieräuber heute einfordern, hat ihnen als Kind gefehlt: Wegweisung, Rat, Entlastung von Verantwortung, Lob, Bestätigung, Beruhigung, Vergewisserung oder Hilfe bei der Kontrolle der eigenen Impulse. Energieräuber haben ein verständliches Nachholbedürfnis, was bestimmte Formen emotionaler Zuwendung angeht. Ein wenig „Nachbeelterung" (reparenting) entspannt die Beziehung zu ihnen.

Die folgenden Situationen schildern typische Anlässe der „Nachbeelterung", die alle mit emotionalen Grundbedürfnissen zu tun haben.

Kontakt. Energieräuber stehen und sitzen oft verloren da. An ihren Blicken oder Verlegenheitsbeschäftigungen erkennt man, dass sie sich Kontakt wünschen. Ihnen fehlt das Geschick, auf andere zuzugehen. Wenn sich Kinder fremd fühlen oder ängstlich sind, geraten sie in eine ähnliche Situation. Sie brauchen dann ein anderes Kind, das auf sie zugeht, oder einen Erwachsenen, der einen Kontakt einfädelt. Das kann man auch erwachsenen Kindern schenken: auf sie zugehen, einen Smalltalk beginnen, sie nach ihrem Befinden fragen, sie einem Dritten vorstellen.

> Energieräuber wünschen sich wie Kinder unkritische Bestätigung. Trotzdem muss man ihnen gelegentlich eine Enttäuschung zumuten.

Dabei sollte man ein Maß für den eigenen Einsatz finden. Vielleicht will man nicht eine ganze Mittagspause oder gar Party mit einem Energieräuber verbringen. Wenn man sich aus dem Kontakt löst, wird man vielleicht eine Enttäuschung spüren. Trotzdem hilft Energieräubern die Zuwendung. Sie schenkt vielleicht sogar den Mut, selbst auf jemanden zuzugehen.

Wertschätzung. Energieräuber werben manchmal in einer Weise um Lob, die andere peinlich berührt. Man zeigt unter Erwachsenen ein kindliches Bedürfnis nach Lob oder Bestätigung nicht. Oft reagieren andere daher mit einem Scherz oder einer ausweichenden Antwort. „Nachbeelterung" hieße hier, dem kindlichen Bedürfnis nach Lob ein wenig entgegenzukommen. In ihrer Ausbildung werden angehende Therapeuten darin trainiert, auch dort zu loben, wo es nach erwachsenen Maßstäben nicht viel zu loben gibt. „Selektiv authentisch" heißt die Zauberformel, die eine Orientierung gibt. Lügen muss man nicht, aber man kann Mängel taktvoll übergehen und sich stattdessen auf Aspekte konzentrieren, die gelungen sind. „Mir hat Ihre Gliederung sehr gut gefallen", kann man auch sagen, wenn ein Vortrag inhaltlich schwach war. „Die Jacke gibt dir etwas Frisches und Jugendliches", eignet sich auch als Lob, wenn man diese mit 40 Jahren selbst nicht mehr tragen würde.

Energieräuber wünschen sich wie Kinder unkritische Bestätigung. Trotzdem muss man ihnen gelegentlich eine Enttäuschung zumuten, wenn man zum Beispiel eine Idee nicht gut genug findet, um sie umzusetzen. Aber auch ein Nein kann man in Wertschätzung einbetten: „Dein Slogan ist total kreativ. Für eine andere Zielgruppe fände ich ihn auch toll. Aber bei einem technischen Produkt wie unserem würde ich gerne einen seriöseren Ton anschlagen."

Vergewisserung. Manche Energieräuber neigen zu einem schlechten Gewissen und zu Selbstkritik. Sie suchen moralischen Rückhalt bei anderen und die Beruhigung, dass ihr Verhalten und ihre Sichtweisen in Ordnung sind. Verunsicherte Kinder suchen das bei ihren Eltern. Auch Erwachsene lassen sich fürsorglich beruhigen:

- „An deiner Stelle hätte ich das ganz ähnlich gemacht."
- „Das sehe ich auch so."
- „Das kannst du so machen. Da bist du zu nichts verpflichtet."
- „Keine Sorge. Was soll dabei schon passieren?"

Auch wenn Energieräuber nicht klug gehandelt haben, kann man ihnen die Last eines schlechten Gewissens erleichtern:

- „Mir ist so etwas auch schon passiert."
- „Vielleicht hätte es eine bessere Reaktion gegeben. Aber Fehler sind menschlich. Wenn du dich entschuldigst, dann müsste die Sache doch aus der Welt sein."

Rat. Oft suchen Energieräuber Hilfe bei ihren Entscheidungen. Ihr erwachsener Verstand hat die Optionen zwar durchdacht, aber es will sich kein Gefühl der Sicherheit einstellen, was nun die richtige Entscheidung ist. Soll man Energieräubern tatsächlich etwas raten? Viele Menschen wehren eine solche Verantwortung ab. Man kann aber Entscheidungshilfen geben, ohne dem andern die Verantwortung aus der Hand zu nehmen:

- „Mir gefällt das blaue Kleid an dir am besten."
- „Wenn ich an deiner Stelle wäre, würde ich für eure Familie lieber ein größeres Auto wählen."
- „Ich an deiner Stelle würde Herrn Donner nicht die Meinung sagen, sondern einen diplomatischen Weg suchen."

Wenn Energieräubern nur noch eine Portion Sicherheit gefehlt hat, können sie so eine Entscheidung treffen. Wenn sie die Dinge anders sehen, werden sie weiter zweifeln und noch andere um Rat fragen. Trotzdem tut die sanfte Vergewisserung der Beziehung gut. Energieräuber fühlen sich in ihren Bedürfnissen angenommen.

Die Wirkung der „Nachbeelterung" darf man jedoch nicht überschätzen. Sie ist ein Glas Wasser auf einer Durststrecke, aber keine Quelle, aus der Energieräuber selbst schöpfen können. Trotzdem kann ihnen eine kleine Zuwendung helfen, sich in der augenblicklichen Situation angemessen zu verhalten.

In vielen Fällen wird die Unterstützung hinter dem zurückbleiben, was sich Energieräuber wünschen und was sie brauchen. Dieses Missverhältnis bringt beide Seiten unter Stress.

Die Grenzen der Zuwendung vermitteln

Heidi kommt in dieser Woche schon zum fünften Mal in Irinas Büro. Sie steht geduckt in der Tür, lächelt und fragt: „Darf ich mal kurz …?" Irina ahnt, was Heidi will. Sie sucht Sicherheit bei Entscheidungen, die ein wenig Eigenverantwortung erfordern. Aber Irina mag sich nicht so häufig unterbrechen lassen. Wie soll sie reagieren?

In solchen Situationen neigen Betroffene zu Reaktionen, die man besser meidet. Gereizte Reaktionen kränken („Nein Heidi, jetzt nicht!"). Erziehende Reaktionen demütigen und wecken Trotz („Sag mal, Heidi: Du arbeitest doch schon ein Jahr in unserer Abteilung. Solche Entscheidungen solltest du alleine treffen können.") Defensive Reaktionen beschwören Erklärungen und Rechtfertigungen herauf („Heidi, ich habe dir in dieser Woche schon zweimal etwas erklärt und mir jedes Mal eine halbe Stunde Zeit genommen …").

Taktvoll und wirkungsvoll zugleich ist eine Strategie, die zur eigenen Begrenztheit steht und auf Kritik verzichtet, zum Beispiel in Form der folgenden Äußerungen:

- „Tut mir leid, Heidi. Ich muss mich den Rest der Woche etwas abschirmen, sonst komme ich mit meiner Präsentation nicht hin."
- „Könntest du nächste Woche noch einmal kommen? Ich bin mit meinen Anträgen im Rückstand."
- „Wie wäre es, wenn wir mittwochs nach der Pause eine kleine Besprechungszeit für solche Fragen einrichten? Eine Viertelstunde kann ich mir dafür nehmen. Wenn ich meine Arbeit unterbreche, brauche ich immer eine ganze Weile, bis ich wieder hineinfinde."

> Aufmerksamkeitssuchende Energieräuber sprengen Gesprächsrunden mit ihren ausufernden Beiträgen. Einsame Energieräuber drängen sich bei Unternehmungen auf.

Taktvolle Hinweise auf die eigenen Grenzen nehmen Energieräuber in der Regel gut an. Nur in Extremfällen zeigen sie ihre Bedürfnisse hartnäckig. Beunruhigte Energieräuber rufen dann zum Beispiel mehrmals in der Woche an. Aufmerksamkeitssuchende Energieräuber sprengen Gesprächsrunden mit ihren ausufernden Beiträgen. Einsame Energieräuber drängen sich bei Unternehmungen auf. Im Grunde wissen Energieräuber, dass ihr Verhalten nicht angemessen ist. Sie können ihre kindlichen Bedürfnisse trotzdem oft nicht kontrollieren. Daher brauchen sie dabei Hilfe.

Eines der wirksamsten Erziehungsmittel sind natürliche Konsequenzen. Ein Kind, das schlägt, wird zum Beispiel für eine kurze Zeit vom Spiel ausgeschlossen. Ein Kind, das sein Gemüse nicht isst, muss auf den süßen Nachtisch verzichten. Darf man solche Methoden auch bei Erwachsenen anwenden? Vor diesen Gedanken schrecken wir unwillkürlich zurück. Aber auch im Umgang mit schwierigen Erwachsenen sind natürliche Konsequenzen ein bewährtes Mittel. In den folgenden Beispielen hat die Ankündigung natürlicher Konsequenzen geholfen:

- „Wir können gerne einmal die Woche telefonieren. Wenn du mich aber häufiger anrufst, dann fühle ich mich überfordert. Ich brauche einfach auch Zeit für andere Dinge. Wenn du das nicht akzeptieren kannst, möchte ich eine Beziehungspause einlegen. Ich werde dann einen Monat lang nicht mehr abheben, wenn du anrufst, und dich auch nicht zurückrufen."

- „Du gehörst schon richtig zu unserer geselligen Kollegenrunde. Ich schätze es, dass du dabei bist. Allerdings erzählst du so ausführlich über deine Probleme, dass andere nicht mehr zu Wort kommen. Wir haben darüber ja schon gesprochen. Wir wünschen uns, dass du dich kürzer fasst. Andernfalls werden wir dich eine Weile nicht mehr einladen."

Würde jemand zu Ihnen etwas Vergleichbares sagen, wäre das sehr kränkend. Man darf im Umgang mit Energieräubern allerdings nicht so sehr von seinen eigenen Gefühlen ausgehen. Energieräuber wissen, dass ihr Verhalten für andere unangenehm ist. Daher sind Energieräuber oft überraschend dankbar, wenn ihnen jemand hilft, das eigene Verhalten besser zu kontrollieren.

Auf die erwachsene Seite reagieren

Manchmal beobachte ich Menschen, die erstaunlich souverän mit Energieräubern umgehen. Sie schaffen eine unkomplizierte Atmosphäre, in der sich Energieräuber positiv verhalten. Derart souveräne Menschen reagieren einfach nicht auf die kindlichen Botschaften. Stattdessen sprechen sie Energieräuber konsequent auf der erwachsenen Ebene an, das aber freundlich und unterstützend. Tatsächlich findet man in der Kommunikation von Energieräubern immer eine Mischung aus kindlichen und erwachsenen Botschaften, auch wenn die kindlichen meist überwiegen. Wer sich an erwachsenen Botschaften orientiert, kann Energieräuber oft auf einer erwachsenen Ebene halten.

> Fürsorglich sein bedeutet im Umgang mit Energieräubern auch einen wirksamen Selbstschutz. Dabei gewinnen beide Seiten.

Wenn Sie ein Energieräuber zum Beispiel in einer Pause mit einem suchenden Blick ansieht, hat dies eine kindliche und eine erwachsene Komponente. Die kindliche Botschaft lautet: „Hilfe, ich bin hier einsam und verloren. Komm auf mich zu!" Auf der erwachsenen Ebene ist es aber eine ganz normale Reaktion, sich umzusehen, wenn man auf der Suche nach einem Gesprächspartner ist. Wer hier auf der erwachsenen Ebene bleibt, kann dem Blick folgende Bedeutung zuschreiben:

„Hella sucht einen Gesprächspartner. Wenn ich mich lieber mit jemandem anderen austausche, ist das auch kein Problem. Sie kann ja noch auf andere zugehen." Man kann kurz winken oder lächeln und dann vorübergehen. Sensible Menschen spüren allerdings den kindlichen Hilferuf und müssen ihn bewusst beiseiteschieben. Dass das möglich ist, zeigt ein weiteres Beispiel.

Eine Freundin steht vor einer Entscheidung, ist hin und hergerissen und berichtet in einem verzweifelten Tonfall darüber. Die kindliche Botschaft lautet: „Ich bin völlig überfordert. Die Entscheidung macht mir Angst. Ich brauche Rat, Vergewisserung, Beruhigung und am besten jemanden, der mir die Verantwortung abnimmt." Auf einer erwachsenen Ebene ist es aber auch ganz normal, eine Entscheidung mit einer Freundin zu besprechen. Wer würde sich da nicht ein wenig Rückenstärkung und Rat wünschen? Wer dabei auf einer erwachsenen Ebene bleibt, wird zuhören, seine Einschätzung äußern und dann zu anderen Themen übergehen. Je weniger Resonanz Energieräuber auf ihre kindlichen Signale bekommen, desto mehr erwachsenes Verhalten zeigen sie. Das bedeutet allerdings eine gewisse Frustration. Energieräuber werden sich dann andere Menschen suchen, die sich mehr um ihre kindlichen Bedürfnisse kümmern. Deshalb ist diese Strategie besonders geeignet, wenn einem ein Energieräuber nicht sehr nahe steht oder es einem an Zeit mangelt, mehr Unterstützung zu schenken.

> Je weniger Resonanz Energieräuber auf ihre kindlichen Signale bekommen, desto mehr erwachsenes Verhalten zeigen sie.

Leben und leben lassen

Stellen Sie sich vor, man würde ein Kind aus der Geborgenheit seiner Familie reißen und es in das Leben eines Erwachsenen stellen: ohne Bezugspersonen in einer komplizierten Welt voller Gefahren, mit vielfältigen Erwartungen anderer Menschen, denen es nie ganz gerecht werden kann, und Menschen ausgesetzt, die manchmal unfreundlich und rücksichtslos sind. Was für eine Überforderung! Genau das ist das Lebensgefühl von Energieräubern. Wer Energieräuber taktvoll vor Überforderung schützt, tut ihnen etwas Gutes. Man kann sie von schwierigen Aufgaben entlasten, sie in unübersichtlichen Situationen anleiten, sie emotional stärken und moralisch aufbauen. Dadurch bewahren Energieräuber ihr inneres Gleichgewicht. Sie können ihren Beziehungen und Aufgaben dadurch oft besser gerecht werden.

Es kostet natürlich Zeit und Kraft, Energieräuber zu entlasten. Deshalb muss man hier ein Maß finden und wahren. Eine Faustregel dafür könnte lauten: „Gib nicht mehr, als du auch über eine längere Zeit geben kannst. Wenn du eine Unterstützung nur befristet geben kannst, dann kündige dies lieber gleich an."

Wenn Sie näher mit einem Energieräuber zu tun haben, werden Sie die Erfahrung machen: Eine gezielte, begrenzte Unterstützung kostet oft weniger Kraft als die Verwicklungen, die sich ergeben, wenn man auf die kindlichen Bedürfnisse eines Energieräuber gar nicht eingeht. Dies folgt den gleichen Gesetzen wie die Kindererziehung: Abweisende Eltern haben viel mehr Probleme mit ihren Kindern, fürsorgliche Eltern setzen sich zwar mehr ein, erleben dafür aber auch harmonische Zeiten und bleiben oft von schweren Problemen verschont. Fürsorglich sein bedeutet im Umgang mit Energieräubern also auch einen wirksamen Selbstschutz. Dabei gewinnen beide Seiten.

Die eigenen Grenzen akzeptieren

Der Umgang mit Energieräubern stellt seine ganz eigenen Anforderungen. Kindliche Gefühle und Bedürfnisse erfordern eine besondere Zuwendung. Dadurch entsteht eine Beziehung, in der sich Geben und Nehmen nicht ausgleichen. Mit dieser Ungleichheit, manchmal auch als Ungerechtigkeit empfunden, müssen Betroffene leben. Gerade für Menschen, die als Kinder ihre Bedürfnisse zurückstellen mussten, kann das mit sehr unangenehmen Gefühlen verbunden sein. Manchmal ist es dann klüger, sich aus der Beziehung zu einem Energieräuber zu lösen.

> Wer Energieräuber taktvoll vor Überforderung schützt, tut ihnen etwas Gutes.

Weil man Energieräubern – gemessen an dem, was sie eigentlich brauchen – immer etwas schuldig bleibt, stellt auch der Umgang mit Schuldgefühlen eine besondere Herausforderung dar. Gerade sozial eingestellte Menschen fühlen sich in solchen Situation zur Selbstaufopferung verpflichtet. Sie werden von Gewissensbissen gequält, wenn sie Energieräubern begegnet sind. Sie nehmen sich vor, Nein zu sagen, und sagen dann doch wieder Ja. Danach ärgern sie sich über sich selbst und über den Energieräuber, dessen Bedürfnisse sie überfordern. Auch dann kann es besser sein, sich aus der kraftraubenden Beziehung zurückzuziehen. Praktisch ist das oft gar nicht schwierig. Denn sobald man Energieräubern gegenüber seine Zuwendung einschränkt, verliert man an Bedeutung für sie. Ohne dass es ihnen immer bewusst wird, wenden sie sich bald Menschen zu, die mehr geben.

Liebe und Angst gelten als die größten Triebkräfte des Menschen. Energieräuber setzen auf Ihre Liebe.

Wer überfordert ist, einem Energieräuber aber aus privaten oder beruflichen Gründen nicht aus dem Weg kann, sollte sich eine gute Begleitung suchen. Dann kann die Konfrontation mit den kindlichen Bedürfnissen die persönliche Entwicklung voranbringen. Sie bringt eine Menschlichkeit hervor, die um ihre Möglichkeiten und Grenzen weiß.

Liebe und Angst gelten als die größten Triebkräfte des Menschen. Energieräuber setzen auf Ihre Liebe, ein anderer Typ schwieriger Menschen setzt dagegen auf Ihre Angst.

Auf einen Blick:
Tipps zum Umgang mit Energieräubern

- Übernehmen Sie sich nicht, indem Sie eine Helfer- oder gar Retterrolle einnehmen.

- Gehen Sie fürsorglich auf die kindlichen Bedürfnisse nach Kontakt, Rat, Lob und Entlastung ein. Finden Sie dabei aber ein realistisches Maß, das der Beziehung und Ihren Kräften angemessen ist.

- Benennen Sie taktvoll die Grenzen Ihrer Zeit und Einsatzmöglichkeiten.

- Binden Sie Ihre Unterstützung an die Bereitschaft von Energieräubern, die Grenzen der Zuwendung zu akzeptieren.

- Sprechen Sie die erwachsene Seite von Energieräubern an und erwarten Sie ein Mindestmaß an Verantwortungsübernahme.

Einschüchterer

Sie lehren ihre Mitmenschen das Fürchten. Wutausbrüche, Drohungen, Schimpftiraden, grobe Worte und Blicke, die töten können – Einschüchterer spielen auf der ganzen Klaviatur der Aggression. Wie eine Planierraupe räumen sie beiseite, was ihnen im Weg ist.

Wenn Sie schon einmal mit einem Einschüchterer zu tun hatten, kennen Sie die körperliche Erfahrung der Angst: Herzklopfen, weiche Knie oder ein Erstarren, ein Kloßgefühl im Hals, Beklemmung in der Brust oder einen Adrenalinstoß, der den ganzen Körper durchfährt. Dann haben Sie schon eine der folgenden Situation erlebt.

Bauunternehmer Klamm wird nur „der Boss" genannt, auch von Architekten und Handwerksmeistern, die ihm gar nicht unterstellt sind. Max Höflich, Klamms rechte Hand, formuliert sein Anliegen so vorsichtig wie möglich: „Wegen dem Bebauungsplan der Stadt müssen wir an der Wohneinheit eine ganz kleine Änderung…" Aber bevor Höflich seinen Satz beenden kann, donnert der Boss: „Den Bebauungsplan kannst du dir in den Hintern schieben. Hast du den Sesselwärmern auf dem Amt nicht gesagt, dass es nicht anders geht?"

„Ich habe versucht …", hält Höflich dagegen. „Versucht", brüllt Klamm und auf seinem Hals zeichnet sich eine Ader ab. „Ich bezahle dich nicht für Versuche. Geh jetzt aufs Amt und komme nicht wieder, bevor du die Sondergenehmigung hast." Doch Höflich versagt auch beim zweiten Versuch. Nach einer Salve demütigender Worte geht Klamm schließlich selbst auf das Amt und kommt mit der gewünschten Sondergenehmigung wieder.

Auch in privaten Beziehungen setzen sich Einschüchterer durch.

„Dazu gebe ich dir keinen Cent. Meine Tochter soll in einem angemessenen Ambiente heiraten und nicht in einem Gemeindehaus." – „Papa, das ist Erpressung. Es ist doch meine Hochzeit." Aber die

Gesichtszüge des Vaters bleiben hart und kalt. Soll Lisbeth wieder einmal nachgeben oder sich auf eine riskante Auseinandersetzung einlassen? Sie fühlt sich so ohnmächtig.

―――――――

Ralf legt den Hörer auf und wartet auf das Gewitter, das nun voraussichtlich über ihn hereinbrechen wird. Es kündigt sich in einem scharfen Wind an. „Deine Sachen liegen auf dem Küchentisch. Siehst du nicht, dass ich das Abendessen vorbereite?" Samiras Gereiztheit hat nichts mit dem Küchentisch zu tun, sondern mit dem Telefonat. Sie ist eifersüchtig auf die gute Beziehung, die Ralf zu seinen Eltern hat, und hätte am liebsten, dass sie im gemeinsamen Leben gar nicht auftauchen.

„Was ist los?", fragt Ralf. „Meine Mutter hat nur gefragt, was sich Luca zum Geburtstag wünscht."

„Ach", giftet Samira. „Um dann mit ihrem Geschenk wieder alle anderen auszustechen, das widert mich an."

Ralf merkt nicht, dass sich die Situation aufschaukelt, bis Samira ihrer Wut freien Lauf lassen kann. Er steigt in den Konflikt ein: „Rede nicht so über meine Mutter."

„Ach, Muttersöhnchen nimmt seine Mama in Schutz. Tut mir leid, wenn ich an ihrem Lack gekratzt habe."

„Ich kann's nicht mehr hören, Samira", sagt Ralf gereizt. „Deine Eifersucht und deine Giftpfeile gegen jeden, der in meinem Leben auch noch wichtig ist."

„Gut, jetzt weiß ich ja, wie du wirklich über mich denkst", stellt Samira mit kalter Stimme fest. „Und dann darf ich dir wohl auch sagen, was ich über dich denke." Und nun redet sich Samira in eine aggressive Trance, in der sie Ralf beleidigt, demütigt und mit Trennung droht.

Am nächsten Tag ist alles wieder gut. Samira verhält sich freundlich und gelöst. Ralf hat den Kontakt zu seinen Eltern schon stark eingeschränkt, um Eskalationen wie die am Vortag zu vermeiden. Eigentlich weiß Ralfs Mutter, dass sie besser im Büro anruft. Aber weil es ihr mit Lucas Geschenk eilig war, hat sie diese Regel nicht beachtet.

Einschüchterer räumen beiseite, was sich ihnen in den Weg stellt. Als ich meine Fahrstunden nahm, gab mein Fahrlehrer die Devise aus: „Alles, was kleiner ist als ein Kalb, wird überfahren." In einer kritischen Situation muss man die Gefahr eines Ausweichmanövers gegen die einer Kollision abwägen. Nach dieser Devise leben Einschüchterer: Im Zweifelsfall aufs Gas treten und auf Kollisionskurs gehen. Meist weichen andere Menschen aus oder geben nach einer Kollision den Weg frei. Einschüchterer kommen so schneller zum Ziel und beziehen aus ihren Siegen ein Gefühl der Stärke.

In vielen Positionen ist Durchsetzungsvermögen gefragt. So hört man immer wieder von erfolgreichen Managern oder Politikern, deren Führungsstil auf aggressiver Durchsetzung beruht. Es sind die Alphatiere unserer Gesellschaft. Dabei gehen Einschüchterer kaum ein Risiko ein. Wenn sich der Gegner wider Erwarten doch als stark herausstellt, können sie immer noch nachgeben oder einen Kompromiss schließen.

Wer ihnen die Stirn bietet, der steigt in der Achtung von Einschüchterern. Sie reagieren wie ein Sportler, der einen ebenbürtigen Gegner gefunden hat.

> Einschüchterer räumen beiseite, was sich ihnen in den Weg stellt.

Manchmal leiden Einschüchterer darunter, dass sie von sensiblen Menschen umgeben sind, die nach einem Konflikt lange verletzt sind.

Worauf beruht die Macht von Einschüchterern? Sie gründet sich in der Regel auf folgende Faktoren:

- Oft sind Einschüchterer mit einem starken Körper ausgestattet, dessen Signalwirkung sie im Laufe ihres Lebens entdeckt haben. Sie sind oft muskulös, zäh und schmerzunempfindlich. Ihre körperliche Statur hat von früh an eine Wirkung, die es leichter macht, sich durchzusetzen.
- Einschüchterer sind oft durch eine Lebensgeschichte gestählt, in der sie kämpfen und sich durchsetzen mussten. Auch seelisch sind Einschüchterer oft robust und finden nach Auseinandersetzungen schnell in ein Gleichgewicht zurück. Während für andere ein Konflikt nervenaufreibend ist, verbrauchen Einschüchterer dafür vergleichsweise wenig Kraft.

- Den meisten Menschen fehlt Übung darin, mit Aggressionen umzugehen. Sie begegnen solchen Situationen selten. Daher packt viele die Angst, wenn sie starker Aggression ausgesetzt sind. Die höheren Gehirnregionen setzen aus, die niedrigeren fluten den Körper mit Botenstoffen, die den Puls rasen und die Lunge nach Luft schnappen lassen. Kampferprobte Menschen haben das Überraschungsmoment auf ihrer Seite und zudem mehr Erfahrung.

Diese Faktoren sichern Einschüchterern eine Überlegenheit, durch die sie Kämpfe leicht für sich entscheiden. Zaghafte Gegenwehr machen sie platt, die Fehler eines nervösen Gegenübers nutzen sie aus. Der Schmerz und der Schrecken, die Einschüchterer bei anderen auslösen, gehören für sie zum Spiel des Lebens. Gewissensbisse haben sie ebenso wenig, wie sich ein Sportler für den Kummer verantwortlich fühlt, den die Niederlage seinem Gegner bereitet.

Mit Abstand betrachtet

Einschüchterer sind starke Persönlichkeiten, die sich durchsetzen und Hindernisse aus dem Weg räumen. Diese Eigenschaften sind in manchen Positionen gefragt, wie das folgende Beispiel zeigt. Der Träger einer sozialen Einrichtung hatte einen ehemaligen Berufssoldaten als Leiter eingesetzt. Die Einrichtung beheimatete sehr belastete Menschen: Straffällige, schwer psychisch Kranke, Alkohol- und Drogenabhängige. Trotzdem lief alles sehr diszipliniert ab. Denn der bullige Leiter befehligte die Einrichtung im Kasernenton. Zur Not hielt er auch einmal einen Betrunkenen vom Randalieren ab, indem er ihn mit geübtem Griff auf sein Zimmer führte. In dieser geordneten Welt leisteten die Sozialarbeiter der Einrichtung eine fruchtbare Arbeit. Dass auch die Mitarbeiter durch lautes Anherrschen und persönliche Grobheiten geführt wurden, daran konnte sich nicht jeder gewöhnen. Manche gingen, andere schätzten die Vorteile einer Einrichtung, die von einer starken Hand geführt wird.

Die Energie von Einschüchterern steckt an und kann Mitstreiter mo-

> Wer ihnen die Stirn bietet, der steigt in der Achtung von Einschüchterern.

tivieren, ihr Bestes zu geben und durchzuhalten. Auch gegen beträchtliche Widerstände boxen sie durch, was ihnen wichtig ist. Dadurch können sie Firmen, soziale Werke oder Vereine voranbringen.

Wo sich Einschüchterer durchsetzen, entsteht allerdings oft ein Kollateralschaden. Die demütigende Erfahrung persönlicher Angriffe kann Betroffene viel Kraft kosten. Die Erfahrung der eigenen Sprach- und Wehrlosigkeit bereitet schlaflose Nächte, psychosomatische Beschwerden und kann sogar zu Angststörungen führen. Außerdem bringen Einschüchterer andere dazu, ihre selbstverständlichsten Interessen aufzugeben. Das kann die berufliche Zufriedenheit auf Null sinken lassen. Wer Einschüchterern in privaten Beziehungen nahesteht, gibt oft eigene Ziele auf.

Darüber hinaus empfinden Einschüchterer Ratschläge und Warnungen als Störfaktoren, die sie am Erreichen ihrer Ziele hindern. Sie hören oft nicht auf sie und steuern manchmal kraftvoll in die falsche Richtung. Dadurch können sie einem Unternehmen oder einer Familie schmerzliche Niederlagen bescheren. Auch ihre Mandanten, Patienten oder Geldanleger können sie einem Risiko aussetzen, das diese selbst nie gewählt hätten.

Falsche Hoffnung, echte Chancen

Wenn Sie auf einen Einschüchterer treffen, dann begraben Sie besser folgende Idealvorstellung: „Wir leben in einer zivilen Gesellschaft, die nach demokratischen Prinzipien gestaltet wird. Im Wettbewerb der Ideen setzen sich die Besten durch, im Wettbewerb um Positionen kommen die Fähigsten zum Zug." Wenn es gut läuft, mag das im Klassenzimmer gelten, im Pausenhof herrschen andere Gesetze. Das mag im Leitbild eines Unternehmens stehen, hinter geschlossenen Türen gilt oft das Recht des Stärkeren. Selbst in kirchlichen und sozialen Einrichtungen entscheidet sich manches in Machtkämpfen.

Man muss einer unangenehmen Wahrheit ins Auge blicken: Nicht

> Einschüchterer bringen andere dazu, ihre selbstverständlichsten Interessen aufzugeben. Wer Einschüchterern in privaten Beziehungen nahesteht, gibt oft eigene Ziele auf.

selten bestimmen die Stärkeren die Regeln, nach denen gespielt wird. Wer nicht die Macht hat, bessere Spielregeln durchzusetzen, wird nach den Regeln der anderen spielen müssen. Einschüchterer verstehen es meisterhaft, andere in ein Spiel nach ihren Regeln zu verwickeln. Sie lassen sich nicht auf faire Kommunikationsmittel verpflichten, sondern setzen Lautstärke, grobe Worte, Druck und Drohungen ein. Daher setzen sie in Verteilungskämpfen das Recht des Stärkeren durch, ganz gleich, ob es dabei um Aufmerksamkeit, Geld, Mittel oder Personal geht. Wenn Sie sich je auf einem solchen Spielfeld wiederfinden, lautet der Rat: Akzeptieren Sie die Spielregeln oder verlassen Sie das Spielfeld. Nehmen Sie die unvermeidlichen Niederlagen sportlich und seien Sie stolz auf kleine Punktsiege.

Besonders verwirrend ist die Konfrontation mit einem Einschüchterer, wenn man zunächst positive Erfahrungen mit ihm gemacht hat. Vielleicht war man sein Schützling und hat eine Sicherheit genossen wie jemand, der im Schulhof auf seinen großen Bruder zeigen konnte. Vielleicht ist man im Windschatten von Einschüchterern gut vorangekommen. Doch früher oder später müssen auch Schützlinge einmal einen Konflikt mit dem Einschüchterer austragen. Die Stärke, die sie geschützt und gefördert hat, richtet sich nun gegen sie. Alle positiven Erfahrungen, alle Freundschaft und gute Zusammenarbeit helfen nicht mehr. Die harte Auseinandersetzung bleibt ihnen nicht erspart.

> Einschüchterer verstehen es meisterhaft, andere in ein Spiel nach ihren Regeln zu verwickeln.

Einschüchterer beschädigen unser Wunschbild nach einer gerechten Welt. Sie beschädigen unter Umständen auch unser Selbstbild. Wer sich bislang für konfliktfähig und selbstbewusst gehalten hat, wird nach dem Zusammenstoß mit einem Einschüchterer an sich zweifeln.

Wie schon erwähnt, findet der Kampf unter ungleichen Bedingungen statt. Er kostet Einschüchterer keine nennenswerte Energie und auch von Niederlagen erholen sie sich schnell. Für weniger Kampferprobte kostet der Konflikt viel Kraft. Daher können Nachgeben und Unterordnung manchmal klüger sein als ein Kampf. Das kann den persönlichen Stolz verletzen. Doch auf jedem Gebiet findet man einen Meister, der dem eigenen Können überlegen ist. In jedem Sport muss man einmal dem Besseren zum Sieg gratulieren. Auch in zwischenmenschlichen Auseinandersetzungen und Verteilungskämpfen stößt man einmal auf Stärkere. Wer verlieren und mit Niederlagen umgehen kann, nimmt es auch mit einem starken Gegner auf. Nach seinen Regeln spielen zu müssen, heißt allerdings nicht, dass man auch selbst unfair werden muss. Auch faire Strategien verhelfen manchmal zum Sieg.

Einschüchterern standhalten

Auch wenn Einschüchterer stark sind, muss sich niemand einschüchtern lassen oder aus Angst seine Interessen aufgeben. Das würde auch die eigene Position schwächen. Denn gegenüber Menschen, die sie als schwach wahrnehmen, verhalten sich Einschüchterer oft besonders schamlos. Anstelle von Kampf oder Flucht kann man der Grobheit ein sanftes Kontrastprogramm entgegensetzen.

> Gewissensbisse haben Einschüchterer ebenso wenig, wie sich ein Sportler für den Kummer verantwortlich fühlt, den die Niederlage seinem Gegner bereitet.

Dem Angriff standhalten

Was beim Zusammenprall mit Einschüchterern geschieht, beschreibt der amerikanische Psychologe Albert Bernstein sehr anschaulich:

> Die Hypnose von Tyrannen ist plump, aber extrem effektiv. Sie greifen einfach an und lassen Ihr Nervensystem den Rest erledigen. Die Attacke von Tyrannen umgeht den rationalen Teil Ihres Gehirns und versetzt Sie in eine andere, prähistorische Realität, in der es nur drei Möglichkeiten gibt: zurückschlagen, weglaufen oder stillhalten und gefressen werden. Es ist die perfekte Zwickmühle; ganz gleich, wofür Sie sich entscheiden, Sie verlieren. Die jüngeren, klügeren Teile Ihres Gehirns mögen bemerken, was geschieht, aber sie sind so überflutet von Hormonen und primitiven Impulsen, dass ihnen nichts übrig bleibt, als erschrocken zuzusehen, wie das unerbittliche Drama seinen Lauf nimmt.[2]

---

2 Bernstein, Albert J. (2012). Emotional Vampires. Dealing with People Who Drain You Dry. McGraw-Hill Publ., New York. S. 65. (Übersetzt durch den Verfasser)

Der Kampf mit Tyrannen wird, so Bernstein, daher im eigenen Gehirn gewonnen oder verloren. Alles entscheidet sich daran, ob Betroffene aus dem primitiven Schema von Kampf oder Flucht heraus und zu einer intelligenten Antwort finden.

Die folgenden Tipps sind Bernsteins Buch über „Emotionale Vampire" entnommen und um Anregungen eines anderen amerikanischen Psychologen ergänzt: Robert Bramson, Autor des Bestsellers „Coping with difficult people". Bramson spricht von *sherman tanks* (nach einem amerikanischen Panzermodell im Zweiten Weltkrieg) und *exploders*. Sie zeigen wie Bernsteins Tyrannen *(bullies)* ein Verhalten, das sich weitgehend mit dem der Einschüchterer deckt. Die beiden Fachleute empfehlen Folgendes:

> Einschüchterer beschädigen unser Wunschbild nach einer gerechten Welt. Sie beschädigen unter Umständen auch unser Selbstbild.

- Bleiben Sie aufrecht stehen oder sitzen, wenn ein Einschüchterer Sie anschreit oder mit groben Worten angreift. Blicken Sie ihn ruhig an und lassen Sie ihm einige Momente, um seinen Druck abzulassen. Wenn der Angriff an Fahrt verliert, können Sie einhaken.
- Gewinnen Sie die Aufmerksamkeit des Einschüchterers. Sprechen Sie ihn mit Namen an. Lassen Sie einen Stift fallen und heben Sie ihn auf. Stehen Sie langsam auf, wenn ein Einschüchterer steht, oder setzen Sie sich hin, wenn er sitzt.
- Fordern Sie den Einschüchterer zu etwas auf, das seine Instinktreaktion unterbricht: „Bitte setzen Sie sich doch." – „Könnten Sie bitte langsam sprechen? Ich verstehe Sie nicht, wenn Sie so schnell sprechen." – „Darf ich die Zahlen, von denen Sie ausgehen, noch mal sehen?"
- Gewinnen Sie Kontrolle über die Situation, indem Sie aktiv werden. Warten Sie nicht höflich oder ängstlich ab, bis der Ausbruch vorüber ist. Unterbrechen Sie den Einschüchterer. Stellen Sie Fragen, die klären, welche Befürchtungen oder Ziele hinter dem Angriff stehen: „Was wünschen Sie sich von mir?"

- Behaupten Sie sich, ohne in eine Konfrontation zu gehen. Bleiben Sie bei sich und erläutern Sie Ihren Standpunkt: „Meiner Meinung nach ..." – „Meine Erfahrung damit ist eine andere." – „Ich stimme hier nicht mit Ihnen überein."
- Falls Ihre Erschütterung zu groß ist, um klar zu denken, bitten Sie um eine Bedenkzeit.
- Bleiben Sie möglichst freundlich. Nach ihren Attacken überraschen Einschüchterer häufig mit einem Scherz oder einer netten Bemerkung. Beweisen Sie Sportsgeist und geben Sie die Freundlichkeit zurück. Wer stattdessen gekränkt, nachtragend oder feindselig reagiert, macht die Beziehung zu Einschüchterern komplizierter als nötig.

Und die groben Worte und Drohungen? Und die öffentliche Demütigung durch die lautstarke Behandlung? Meist ist es nicht möglich, Einschüchterer für ihr ungehobeltes Verhalten zur Rechenschaft zu ziehen. Deshalb nimmt man die Fouls besser sportlich. Einen Aggressionsausbruch muss man nicht unbedingt als demütigend empfinden. Ein gelassenes Standhalten bringt Ihnen in den Augen anderer sogar Respekt ein. Auch in den Augen von Einschüchterern werden Sie an Wert gewinnen, wenn Sie Ihre Reaktion nicht durch Angst bestimmen lassen.

> Einschüchterer sind starke Persönlichkeiten, die sich durchsetzen und Hindernisse aus dem Weg räumen.

Mit den Wölfen heulen

Einschüchterer sind Leitwölfe. Sie bestimmen die Regeln im Rudel und wachen über sie. Sie erlegen oft die meiste Beute, fressen aber stets zuerst. Ihre Stärken kann sich zunutze machen, wer gemeinsame Ziele mit ihnen entdeckt. Vielleicht bringt ein Einschüchterer Projekte voran, die Ihnen auch am Herzen liegen. In privaten Beziehungen richtet sich ihre Kraft vielleicht auf das Renovieren, das Lösen von technischen Problemen, die Beschaffung notwendiger Dinge oder auf ein soziales Engagement. Meist gibt es eine Schnittmenge zwischen dem, was Einschüchterern wichtig ist, und Ihren Zielen. Wo Einschüchterer Einfluss haben, werden Sie ohnehin nur Ziele erreichen, die sich mit deren Zielen decken.

Aber was tun, wenn ein Leitwolf etwas von Ihnen verlangt, das Sie nicht tun wollen? Dann braucht es eine höhere Gewalt, die man ins Spiel bringen kann. Das können Unternehmensregeln oder schlicht Gesetze sein. Auch Ihr Gewissen oder Ihre Prinzipien können Sie als Autoritäten ins Feld führen.

Wie Sie unverrückbare Positionen kommunizieren, ist bereits im Kapitel über Grenzverletzer beschrieben, wo die Verteidigung von Grenzen eine zentrale Rolle spielt. Manchen Naturgesetzen muss sich auch ein Leitwolf beugen.

Mit Alphatieren leben

Im Tierreich wird der Kampf um den Rang ausgetragen, bis sich das unterlegene Tier unterordnet oder das Rudel verlässt. Menschliche Alphatiere dulden keine Gleichstarken an ihrer Seite und führen den Kampf, bis die Rangfolge zweifelsfrei geklärt ist. Wenn Sie ein führungsstarker Vorgesetzter sind oder selbst ein Alphatier, wird sich Ihnen ein Einschüchterer unter Umständen unterordnen. Das ist zum Beispiel möglich, wenn Ihnen die Hierarchie im Unternehmen mehr Macht gibt oder Sie großen Einfluss auf eine Gruppe haben.

> Meist ist es nicht möglich, Einschüchterer für ihr ungehobeltes Verhalten zur Rechenschaft zu ziehen. Deshalb nimmt man die Fouls besser sportlich.

In den meisten Fällen nimmt ein Einschüchterer aber selbst die Alphaposition ein. Dann sollte man dessen Vorrangstellung anerkennen. Oft bleiben aber auch in der untergeordneten Position genügend Möglichkeiten, um eine gewinnbringende Beziehung zu führen. Auch am Hof eines Mächtigen gibt es viele, die ein gutes Leben führen: Hofnarren, die mit Humor unbequeme Wahrheiten aussprechen dürfen; weise Berater, die großen Einfluss gewinnen; Vertrauensleute, die ein Lehen verwalten, und schließlich Ärzte, Krieger und Kämmerer, die für ihre unverzichtbaren Dienste belohnt werden. Auch heute finden sich im Umfeld einflussreicher Menschen vergleichbare Rollen, in denen ein befriedigendes Geben und Nehmen gelingt.

Während eines Praktikums erlebte ich den bissigen Leiter einer psychiatrischen Ambulanz, dessen Mitarbeiter beinahe unterwürfig auftraten. Im Windschatten ihres starken Vorgesetzten gelangen ihnen aber Karriereschritte, die ihre Anpassungsbereitschaft belohnten. Wie weit man mit der Unterordnung gehen kann, ohne seine Selbstachtung zu verlieren, mag man unterschiedlich empfinden. Es ist mutig, einflussreichen Menschen die Stirn zu bieten. Klug ist es nicht immer. Was Einschüchterer voranbringen, ist oft weder unmoralisch noch schädlich. Mit ihnen zu heulen kann daher auch für eine Abteilung, eine Familie oder einen Freundeskreis mehr einbringen als riskante Dominanzkämpfe.

Den Elefant durch den Porzellanladen führen

Einschüchterer ahnen oft nicht, welchen Scherbenhaufen sie bei anderen hinterlassen. Nach einem Ausbruch ist für sie wieder alles in Ordnung. Von anderen erwarten sie die gleiche Robustheit. Manchmal bemerken Einschüchterer die Verletzung anderer, nehmen aber eine harte Haltung ein: „In der Geschäftswelt (im Medizinbetrieb) ist kein Platz für Mimosen." – „Besser andere haben Angst vor mir als zu wenig Respekt." – „Warum hat sie sich auch mit mir angelegt?"

> Einschüchterer sind Leitwölfe. Sie bestimmen die Regeln im Rudel und wachen über sie.

So trampeln Einschüchterer wie ein Elefant durch den Porzellanladen. Sie richten dabei einen Schaden an, unter dem sie irgendwann auch selbst leiden. Sie verlieren gute Mitarbeiter oder Freunde. Sie verspielen sich das Vertrauen anderer. Sie leiden unter dem schlechten Ruf, den ihnen ihr Verhalten einbringt. Hier kann man sie packen. Wer Einschüchterer vorsichtig mit den Folgen ihres Verhaltens konfrontiert, stößt meist auf offene Ohren.

Valentin schätzt seinen Chef, seine Führungsstärke und Gradlinigkeit. Allerdings geht dieser jeden hart an, der ein Problem verursacht oder auch nur benennt. So kommt auch Valentin zuweilen in die Schusslinie. Doch er hat einen guten Draht zu seinem Vorgesetzten und entschließt sich zur Offenheit: „Ich muss noch etwas loswerden, Herr Zeus. Ich schätze es, dass ich bei Ihnen immer weiß, woran ich bin. Manchmal hat Ihre Kritik aber eine Wucht, die mich fast umhaut. Zum Beispiel gestern, als ich über das Problem in unserem Projekt berichtet habe. Wenn Sie mir dann mit lauter Stimme den Kopf waschen, trifft mich das. Ich fühle mich dann eingeschüchtert, aber auch gekränkt. Ich werde wütend und komme auf ungute Gedanken. Das will ich beides nicht, weil ich unsere Zusammenarbeit sehr schätze. Ich denke, es geht nicht mir allein so. Wenn meine Beobachtungen richtig sind, verhalten sich einige Frauen in unserem Team Ihnen gegenüber übervorsichtig und beinahe untertänig, als wollten sie ein ähnliches Donnerwetter vermeiden." Danach verteidigte sich Herr Zeus zwar, er müsse doch als Vorgesetzter klare Worte sprechen dürfen, wirkte aber nachdenklich. Die nächste Rüge sprach er weniger laut und wertend aus, stattdessen grinste er herausfordernd. „Geht klar", antwortete Valentin und lächelte ebenfalls.

Leben und leben lassen

Einschüchterer umgibt eine Aura der Stärke. Trotzdem steht auch hinter ihrem Verhalten eine Not. Wann immer ich mit Einschüchterern arbeite, kommt die Therapie an den gleichen Knackpunkt: „Ich kann mir keine Schwäche erlauben", beteuern sie dann. „Mich schützt niemand. Wenn ich mich auf andere verlasse, stehe ich alleine da."

> Menschliche Alphatiere dulden keine Gleichstarken an ihrer Seite und führen den Kampf, bis die Rangfolge zweifelsfrei geklärt ist.

Zu dieser Überzeugung führen unterschiedliche Lebenswege. Die meisten Einschüchterer haben eine der drei folgenden Entwicklungen durchlaufen.

- Manche Kinder kommen stark auf die Welt, schmerzunempfindlich, aktiv und zupackend. Über dieses robuste Temperament freuen sich die Eltern, bis es zu ersten Zusammenstößen mit anderen Kindern kommt oder ihre kleinen Haudegen stark genug sind, um ihnen selbst Schmerz oder Schaden zuzufügen. Weil diese Kinder auch unempfindlich auf Strafe reagieren, gewöhnen sich Eltern eine drastische Erziehung an. Sie verlieren aus dem Blick, dass auch in einem starken Kind eine empfindsame Seele wohnt, und schützen ihre Kinder zu wenig. Ihre Kinder identifizieren sich dann mit ihrer gefürchteten Sonderrolle, ziehen aus ihrer Stärke Gewinn und lernen, ohne Schutz auszukommen.

- Für andere Kinder ist es gefährlich, wenn sie Schwäche zeigen. Denn die wird von einem Elternteil ausgenutzt. Bestrafung zielt auf die wunden Punkte ab. Ein Elternteil demonstriert Überlegenheit, wenn es beim Kind eine Schwäche wahrnimmt. Auf solche Erfahrungen können Kinder unterschiedlich reagieren, ein robustes Kind wird aber meist den folgenden Weg wählen: Es zeigt keine Schwäche mehr. Stattdessen tritt es stark und hart auf.

- Wieder andere Kinder erleben Druck als vorherrschendes Erziehungsmittel. Wo sie zögern, nicht wollen oder nicht können, erhöht ein Elternteil den Druck. Für Müdigkeit, Unlust, Unbehagen oder Angst gibt es kein Verständnis, jedenfalls nicht, bevor ein Ziel erreicht oder einem Maßstab entsprochen wurde. Diese gnadenlose Zielstrebigkeit verinnerlichen Kinder. Als Erwachsener verfolgen sie auf gleiche Weise ihre Ziele. In der Gesundheitspsychologie wurde dieses Verhalten als Typ-A-Verhalten bekannt. Es birgt ein erhöhtes Risiko für Herzinfarkte. Menschen mit Typ-A-Verhalten geht es nicht in erster Linie um Stärke. Sie setzen Einschüchterung als Druckmittel ein. So setzen sie ihre Ziele auch gegen Widerstand durch.

Auch wenn es ganz verschiedene Lebenswege sind, die Menschen zu Einschüchterern formen, gemeinsam ist ihnen dieselbe Not: Sie können keine Schwäche eingestehen und erfahren auch keinen Schutz. Zwar gewinnen sie meist ihre Kämpfe, schaden dafür jedoch langfristig ihrer Gesundheit und ihren Beziehungen.

Vor diesem Hintergrund können Sie Einschüchterern etwas Gutes tun, wenn Sie einerseits nicht zu ihrem Opfer werden, andererseits aber Verständnis haben. Ein amerikanisches Sprichwort lautet: „Halte dem Einschüchterer (bully) stand und er wird dein Freund." Wer Einschüchterern in

> Es ist mutig, einflussreichen Menschen die Stirn zu bieten. Klug ist es nicht immer.

einer fairen Auseinandersetzung die Stirn bietet, gewinnt ihre Sympathie. Aufgrund ihrer Lebensgeschichte schätzen sie nur Menschen, die auch stark auftreten können. Aber noch mehr schätzen sie eine Stärke, die nicht gemein wird und Schwachpunkte nicht gezielt ausnutzt. Wer fair kämpft, schenkt Einschüchterern eine Sicherheit, die sie als Kind nicht erlebt haben. Sie müssen dann nicht um jeden Preis stark sein und werden mit der Zeit auch mit ihren Schwächen offener umgehen.

Wenn Einschüchterer zu mir in die Therapie kommen, berichten sie von den vielen Kämpfen, in denen sie stehen. Mit der Zeit lernen sie zu unterscheiden, wann sich Kämpfe lohnen, wann sie vermeidbar und wann sie sogar schädlich sind. Gerade wenn ihre Gesundheit bedroht ist, erleben es Einschüchterer als entlastend, wenn sie loslassen lernen und dadurch Konfrontationen vermeiden. Wenn etwas Vertrauen gewachsen ist, lassen sich Einschüchterer auch im Alltag für diplomatische Lösungen gewinnen:

- „Ich merke gerade, wie sich unser Gespräch hochschaukelt. Wollen wir diesen Punkt nicht als Problem sehen, das wir gemeinsam lösen?"
- „Wäre es nicht möglich, dass du Peter in diesem Punkt nachgibst? Er respektiert dich und hat auch schon oft nachgegeben. Ich habe Angst, dass sich hier die Fronten verhärten. Und im Grunde brauchst du doch jetzt einen freien Kopf für andere Sachen."
- „Ich mache mir Sorgen um deine Gesundheit, wenn du mit so harten Bandagen kämpfst. Du bist nicht mehr der Jüngste und deine Rückenprobleme haben vielleicht auch mit den Auseinandersetzungen zu tun, in denen du dich hart machen musst."

Einschüchterer umgibt eine Aura der Stärke. Trotzdem steht auch hinter ihrem Verhalten eine Not.

Tatsächlich sind Einschüchterer sich selbst gegenüber oft genauso hart wie anderen gegenüber. Deshalb brauchen sie ein wenig Hilfe, um sich selbst vor einem Übermaß an Kämpfen zu schützen.

Die eigenen Grenzen akzeptieren

Einschüchterer setzen auf die Angst des anderen. Denn Angst macht gefügig und wehrlos. Sie lähmt den Verstand, den Willen und die Handlungsfähigkeit. Der Umgang mit einschüchternden Menschen erfordert daher vor allem die Fähigkeit zur Angstbewältigung. Angst bewältigen bedeutet jedoch nicht, sie zu unterdrücken. Das ist auch gar nicht möglich, wenn man es wirklich mit einem Einschüchterer zu tun hat. Vielmehr muss die Angst mit ausreichend Vertrauen und Selbstsicherheit aufgewogen werden. Wer diese innere Sicherheit nicht findet, steht vor dem Einschüchterer wie das Kaninchen vor der Schlange. In einem derart gelähmten Zustand lässt sich keine der Strategien umsetzen, die in diesem Kapitel beschrieben sind.

Angesichts eines so starken Gegners darf man auch einmal aufgeben und die Zusammenarbeit bzw. eine Beziehung be-

> Einschüchterer können keine Schwäche eingestehen und erfahren auch keinen Schmerz.

enden. Nicht immer muss man die Gründe dafür offenlegen. Manchmal kann man auch unauffällig auf Abstand gehen. Wer sich erklären muss, sollte keine Opferrolle einnehmen und den Einschüchterer nicht beschuldigen. Das reizt diesen nur und lässt einen in den Augen anderer womöglich als schwach dastehen. Wenn man dagegen zu seinen Grenzen steht, weckt das Respekt:

- „Mich überfordert Rauls Art, Konflikte auszutragen. Die Auseinandersetzungen treffen mich persönlich und ich kann nicht mehr so produktiv arbeiten, wie ich es gerne möchte."
- „Unsere Auseinandersetzungen haben eine Wucht, der ich nicht gewachsen bin. Ich fühle mich dann klein und unterlegen. Eine Freundschaft, die so ungleich ist, möchte ich aber nicht. Bitte nimm es nicht persönlich. Wenn ich robuster wäre, käme ich mit deiner Art sicher gut klar."

Wenn eine Beziehung nicht funktioniert, tragen beide einen Anteil daran. Wer den größeren und wer den kleineren Teil trägt, darüber muss man beim Auseinandergehen nicht streiten. Die Demut, den eigenen Anteil zu benennen und den des anderen offen zu lassen, ist der Schlüssel für einen guten Abschied.

Die Hilfe bei der Angstbewältigung gehört zu den vertrautesten Aufgaben von Psychotherapeuten. Daher sind sie gute Ansprechpartner, falls Sie einmal ein Einschüchterer überfordert, Sie diesem aber nicht aus dem Weg gehen können. Dabei kann man Wertvolles lernen: Unerschrockenheit, Bescheidenheit und ein Vertrauen, das in unsicheren Situationen trägt.

> Einschüchterer wollen in ihrem Revier die Stärksten sein.

Einschüchterer wollen in ihrem Revier die Stärksten sein. Menschen dagegen, die Ihnen im nächsten Kapitel begegnen, suchen Überlegenheit, was ihr Wissen und ihre Fähigkeiten angeht.

Auf einen Blick:
Tipps zum Umgang mit Einschüchterern

- Lassen Sie sich von Ihrer körperlichen Angstreaktion nicht erschrecken. Halten Sie dem Angriff trotzdem ruhig und aufrecht stand. Zur Not nehmen Sie sich eine Auszeit, um sich zu beruhigen.

- Unterbrechen Sie Attacken nach einer Weile. Nennen Sie den Einschüchterer beim Namen, gewinnen Sie seine Aufmerksamkeit durch Ablenkungen und führen Sie das Gespräch durch Fragen.

- Nehmen Sie Niederlagen sportlich und akzeptieren Sie die Alphaposition des Einschüchterers. Wenn nicht mehr durchsetzbar ist, begnügen Sie sich mit kleineren Stücken des zu verteilenden Kuchens.

- Suchen Sie gemeinsame Ziele, bei denen Sie von der Stärke eines Einschüchterers profitieren können.

- Machen Sie sich durch Fachkompetenz, Leistungsfähigkeit und Beziehungen zu einem unentbehrlichen Partner.

- Äußern Sie Ihren Standpunkt als persönliche Meinung, vertreten Sie Ihre Interessen beharrlich. Wenn Sie Nein sagen, berufen Sie sich auf eine höhere Gewalt (Gesetze, Vorgesetzte, Prinzipien).

- Kritisieren Sie das ungehobelte Verhalten von Einschüchterern nicht. Wenn Sie ihr Vertrauen besitzen, weisen Sie auf die Folgen hin, die ihr Verhalten auf andere und auf sie selbst hat.

Abwerter

Abwerter setzen andere herab: ihre Persönlichkeit, ihre Fähigkeiten und Leistungen. Sie greifen das Selbstwertgefühl an und bohren kränkende Stacheln in die Seele. Manchmal schaden Abwerter auch dem Ansehen ihrer Opfer.

Vielleicht kommen Ihnen die folgenden Situationen bekannt vor:

In der Konferenz ihrer Grundschule vertritt Anja die Vorteile einer Unterrichtsmethode, die sie schätzt. Da meldet sich eine jüngere Kollegin zu Wort: „Die Silbenmethode ist etwas für Bequeme, die nach einem einfachen Strickmuster arbeiten wollen." Anja ist wie vor den Kopf gestoßen. Soll sie jetzt sagen, dass sie nicht bequem ist? Oder wäre das kindisch?

━━━━━━

Als Jochen seinem Vater von einem beruflichen Rückschlag erzählt, antwortet dieser: „Du bist ja immer schon blauäugig an Entscheidungen herangegangen." Jochen kennt das. Sobald dem Vater etwas nicht gefällt, drückt er anderen einen negativen Stempel auf.

━━━━━━

Katja hat sich mit ihrer Nachbarin über Kindererziehung unterhalten. Die hat behauptet: „Du kontrollierst deine Kinder zu stark, du musst loslassen." Katja ist verwirrt. So etwas hat ihr noch niemand gesagt. Ist an der Rückmeldung der Nachbarin etwas dran? Schließlich will man doch auch kritikfähig sein.

Wenn Sie ähnliche Situationen schon einmal erlebt haben, hatten Sie bereits mit Abwertern zu tun. Sie kleben anderen negative Etiketten auf die Stirn. Aus einem Moment der Verlegenheit leiten sie schlechte Charaktereigenschaften ab. Aus der Mücke einer persönlichen Schwäche machen sie einen elefantösen Makel. Selbst Vorlieben können in den Augen von Abwerten zu einem Beweis von schlechtem Geschmack werden und Alltagsentscheidungen zu einem Ausdruck des Unvermögens.

Auf der anderen Seite ignorieren Abwerter die Vorzüge und Fähigkeiten anderer Menschen. Sie loben allenfalls etwas, das sie unbestreitbar besser können. Ein Abwerter zum Beispiel, der sein Instrument beherrscht, wird die musikalischen Fortschritte eines Anfängers anerkennen. Abwerter stellen sich so auf einen Sockel der Überlegenheit. Sie glauben zu wissen, was sich in der Seele anderer abspielt, was führende Fachleute sagen oder was alle denken. Aus ihrem vermeintlich überlegenen Wissen speisen sie ihre Urteile.

> Abwerter setzen andere herab, greifen das Selbstwertgefühl an und bohren kränkende Stacheln in die Seele.

Manche Abwerter setzen Ironie ein, z. B. mit Bemerkungen wie: „Diese Idee ist preisverdächtig." Andere machen übertriebene Komplimente, bei denen man kaum sagen kann, ob Anerkennung oder Spott überwiegen: „Bald meldest du dich für den Marathon an, oder?" So vielfältig Herabsetzungen von Abwertern sind, so ist doch ihre Wirkung immer ähnlich: Sie schmerzen und können Betroffene oft lange beschäftigen. Sensible Menschen reagieren mit Selbstzweifeln, wenn sie Abwertern ausgesetzt sind. Wenn auch andere die Abwertung hören, entsteht die berechtigte Sorge, ob sie sich von dem negativen Urteil beeinflussen lassen.

Mit Abstand betrachtet

Abwerter haben einen kritischen Verstand. Sie folgen ihren Überzeugungen auch dann, wenn es Unannehmlichkeiten bringt. In der Regel sind sie auf ihrem Gebiet kompetent. Damit besitzen Abwerter also Eigenschaften, die in unserer Gesellschaft erwünscht sind. Verhängnisvollerweise sind es genau jene Eigenschaften, die es in Führungspositionen und sozialen Berufe braucht. Deswegen sind Abwerter hier besonders vertreten und haben viel mit Menschen zu tun. Sie setzen vieles in Bewegung, richten aber auch einen beträchtlichen Flurschaden an. Manchmal verformen sie das Selbstbild von Menschen in ihrer Umgebung. Andere fühlen sich in ihrer Gegenwart unzulänglich und zweitklassig. Sie verleiden anderen die Freude an ihrer Arbeit.

Im privaten Bereich können Abwerter verlässliche Freunde sein und ihre Fähigkeiten großzügig einsetzen. Zugleich äußern sie immer wieder Urteile, die herabsetzen und kränken. Abwerter lähmen ihre Opfer, indem sie vermitteln: „Die Abwertung ist gut gemeint. Sie dient einer guten Sache. Die Kritik mag hart sein, sie ist aber fair und angemessen. Wenn du dich der Kritik nicht stellst, dann bist du kritikunfähig oder ein hoffnungsloser Fall." Damit kleiden sie die Abwertung in einen Schafspelz einer gut gemeinten Mission. Abwerter verharmlosen so ihre dunkle Seite: Die Kaltblütigkeit, mit der sie jeden einen Kopf kürzer machen, der nicht auf ihrer Linie ist, die Überheblichkeit, mit der sie sich zum Maß aller Dinge machen, die Bequemlichkeit, mit der sie sich einer Auseinandersetzung entziehen, die auch die Meinung des anderen hört. Unser Respekt gilt also sowohl den Qualitäten von Abwertern als auch ihrem zerstörerischen Potenzial.

Falsche Hoffnung, echte Chancen

Vielleicht können Sie es nur schwer glauben, doch das Abwerten ist keine Masche, sondern tiefste Überzeugung. In den Augen von Abwertern stehen Sie tatsächlich auf einer tieferen Stufe. Bei ihnen Anerkennung zu suchen, ist daher oft vergebliche Mühe. Besser macht man sich in dieser Hinsicht unabhängig. Es ist schön, wenn man Wertschätzung bei seiner Chefin oder seinem Chef findet. Aber braucht man diese wirklich? Eine angemessene Vergütung ist im Beruf unverzichtbar, genauso

> Abwerter haben einen kritischen Verstand. Sie folgen ihren Überzeugungen auch dann, wenn es Unannehmlichkeiten bringt.

wie eine Arbeitsumgebung, die es Ihnen ermöglicht, Ihre Aufgaben zu erledigen. Das Bedürfnis nach Wertschätzung kann man zur Not aber auch anderswo stillen. Schwieriger wird es, wenn ein Abwerter Ihr Ehepartner, eine enge Freundin oder ein enger Freund ist. Denn ohne ein Minimum an Wertschätzung funktioniert keine nahe Beziehung. Hier sind Kompromisse möglich. Darum wird es im Weiteren noch gehen.

Aussichtslos ist auch der Versuch, Abwerter von ihren Abwertungen abzubringen. Genauso gut könnte man sie bitten, mit dem Atmen aufzuhören. Die Abwertung ist eine Lebensäußerung von Abwertern, die sich nicht unterdrücken lässt. Durch Grenzen und Anreize können Sie erreichen, dass Abwertungen kein beleidigendes Ausmaß erreichen. Sie können schlagfertig Stellung beziehen und der Abwertung noch vor Ort ihren Stachel ziehen.

Schließlich bleibt die Herausforderung, trotz der eigenen Kränkung in seinem Verhalten frei zu bleiben. Denn verletzte Gefühle verleiten zu radikalen Lösungsversuchen: dem Abwerter eine Lektion erteilen, die ihn künftig von seiner Abwertung abhält; Bekehrungsversuche, die den Abwerter zur Einsicht zwingen; Gegenangriffe, die den Abwerter spüren lassen, wie sich eine Herabsetzung anfühlt. Doch solchen Reaktionen sind Abwerter häufig ausgesetzt. Es geht anderen ja genau wie Ihnen. Aber in Kämpfen, die das Selbstwertgefühl berühren, haben sich Abwerter jahrelang gestählt. Im Kritisieren sind sie ebenso unschlagbar wie im Abwehren von Kritik. Auf diesem Feld kann man sie kaum bezwingen. Betroffene sollten sich daher lieber auf ihre eigenen Ziele besinnen.

> Bei Abwertern Anerkennung zu suchen, ist oft vergebliche Mühe.

Meist wollen sich Betroffene emotional und gedanklich nicht mehr so sehr mit dem Abwerter beschäftigen, was ein wichtiges Ziel ist. Eine zweite Zielklärung beruht auf einer schmerzlichen Einsicht. Abwerter besetzen häufig wichtige Positionen. Sie haben sich auf ihrem Gebiet Kompetenzen angeeignet, verfügen über Einfluss und manchmal auch über Charme und eine faszinierende Persönlichkeit. Deshalb ist es attraktiv, in ihrer Nähe zu sein. Wenn Betroffene jedoch über ihre Beziehung zu Abwertern nachdenken, kommen sie zu dem Schluss: Der Preis für die Anregung und Unterstützung, die ein Abwerter geben kann, ist sehr hoch.

Abwerter lassen sich jede Zuwendung mit etwas bezahlen, was in der Fachsprache narzisstische Bestätigung heißt – die uneingeschränkte Anerkennung ihrer Fähigkeiten und ihrer Überlegenheit. Wer diesen Preis nicht zahlen möchte, sollte sich von Abwertern nicht abhängig machen. Bei einem Vorgesetzten könnte das bedeuten, nur die Unterstützung zu suchen, zu der er durch die Spielregeln der Organisation oder des Unternehmens ohnehin verpflichtet ist. An die Stelle einer persönlichen Zusammenarbeit tritt dann ein sachlicher Austausch, der durchaus humorvoll und engagiert sein kann, die persönliche Unabhängigkeit aber wahrt. Die Angriffsfläche für Abwertungen bleibt so kleiner und der innere Abstand hilft, mit Herabsetzungen und Ignoranz auf gelassene Weise umzugehen.

Praktisch kann das so aussehen:

> Teamleiter Egon legt einen Köder aus: „Jetzt brauche ich einen starken Kaffee. Gestern bin ich spät aus München zurückgekommen, ich hatte einen Workshop bei Jan Fechner." Fechner ist führender Experte in der Anlageberatung, es wäre interessant zu erfahren, was Egon dort gelernt hat. Aber der wachsame Mitarbeiter antwortet nur: „Das war bestimmt interessant. Jan Fechner ist eine Koryphäe. Noch einen Keks zum Kaffee?" Geistesgegenwärtig lässt der Mitarbeiter den Köder liegen. Denn er weiß aus Erfahrung: Egon wird sein Wissen nicht preisgeben, ohne ihn in die Rolle des unwissenden Anfängers zu versetzen. Wenn der Teamleiter sein Team informieren will, wird er es tun. Wenn nicht, kann ein Mitarbeiter auch aus anderen Quellen lernen.

Eine vergleichbare Situation kann auch in der Familie, in der Nachbarschaft oder in einem Verein entstehen. Die Unabhängigkeit von einem Abwerter kann ein höheres Gut sein als die Unterstützung, die er einem nur um den Preis einer Herabsetzung gewährt. Natürlich gibt es auch Abwerter, die weder kompetent noch persönlich gewinnend sind. Doch die machen weniger Probleme, weil man sich von ihnen leichter distanzieren kann.

Abwertern den Stachel ziehen

Die Abwertung kann man sich wie einen Pfeil vorstellen, den ein Abwerter abschießt. Oft lässt sich der Pfeil abwehren, bevor er die Seele trifft. Je schneller Sie reagieren, desto früher stoppen Sie den Angriff. Dazu stehen Ihnen folgende Möglichkeiten zur Verfügung:

- Schon ein Kopfschütteln oder eine Geste der Abwehr mit den Handflächen kann eine imaginäre Barriere aufrichten. Falls Sie der Abwerter auf Ihre Körpersprache anspricht, können Sie die abwertenden Worte aufgreifen und sich von ihnen distanzieren.

- Gute Barrieren richtet auch der zweisilbige Kommentar auf, den die Kommunikationstrainerin Barbara Berckhan empfiehlt: „Aha!" – „So so." – „Sag bloß!" – „Oh weh."[3]
- In einer öffentlichen Situation haben Sie die sozialen Spielregeln auf Ihrer Seite, Abwertungen gelten als unfair. Beleidigende Worte schickt man am besten in Form einer Rückfrage an den Abwerter zurück: „Was meinen Sie genau mit ‚hirnverbrannt'?" Wenn ein Abwerter auf einer Beleidigung beharrt, bringt er sich ins soziale Abseits. Deshalb wird er auf Nachfrage seine Worte meist abmildern.
- Darüber hinaus können Sie eine Abwertung auch sachlich richtigstellen: „In meinen Augen ist die Methode nicht bequem, sondern effektiv." – „Eine Entscheidung gut vorzubereiten bedeutet noch keine Entscheidungsschwäche."
- In ihrem Überlegenheitsgefühl glauben Abwerter, dass es nur einen richtigen Standpunkt gäbe, nämlich ihren. Von diesem Sockel holt man Abwerter, indem man die Unterschiedlichkeit der Standpunkte betont:
  - „Offenbar kann man das unterschiedlich sehen."
  - „Ich bin hier anderer Überzeugung."
  - „Die Menschen sind unterschiedlich." (Wenn ein Abwerter Sie persönlich kritisiert.)

Wenn die Abwertung unter vier Augen bleibt, gibt es noch eine weitere Strategie, um eine Grenze zu ziehen. Sie besteht darin, den Abwerter mit den Folgen seiner Äußerung zu konfrontieren:

- „Wenn Sie mir Bequemlichkeit unterstellen, dann denke ich darüber nach, wie ich mich gegen dieses negative Urteil verteidigen kann. Ich hätte den Kopf aber lieber frei für die Aufgabe, die wir voranbringen wollen."
- „Wenn du meine Vorschläge als idiotisch bezeichnest, dann wer-

---

3 Berckhan, Barbara (1999): Die etwas intelligentere Art, sich gegen dumme Sprüche zu wehren: Selbstverteidigung mit Worten. Kösel Verlag, München. S. 6off.

de ich zornig auf dich. Ich will aber nicht zornig werden, sondern dir mit positiven Gefühlen begegnen."

- „Wenn du von meinem Fehler von mir auf eine schlechte Charaktereigenschaft schließt, ärgert mich das und ich gehe innerlich auf Abstand zu dir. Das finde ich schade, weil ich die Zusammenarbeit (die Begegnungen) mit dir sonst schätze."

Stoßen Abwerter auf eine solche persönliche Grenze, reagieren sie manchmal mit Ablenkungsmanövern oder versuchen, die Rückmeldung ins Lächerliche zu ziehen: „Ach, Sie gehören zu den ganz Sensiblen." Trotzdem wird die Grenzsetzung eine Wirkung zeigen. Deshalb kann man an dieser Stelle einfach einen Schlusspunkt setzen, zum Beispiel: „Nein, aber ich empfinde es so, wie ich es gesagt habe."

Ein weiteres intelligentes Mittel der Gegenwehr hat die Kommunikationstrainerin Barbara Berckhan[4] beschrieben: Kommunikationsstörungen. Sie schaffen einen spürbaren Abstand und lassen die Abwertung in einem kommunikativen Niemandsland stehen.

- *Unverständnis signalisieren.* Abwerter: „Das hätten Sie schon vor fünf Jahren tun sollen." Antwort: „Das verstehe ich nicht."
- *Ein verwirrender Themenwechsel.* Abwerter: „Sie haben da einen merkwürdigen Geschmack." Antwort: „Es wird heute noch regnen. Haben Sie eigentlich einen Schirm mitgenommen?"
- *Ein unpassendes Sprichwort einstreuen.* Abwerter: „Du hast wohl deinen Verstand an der Garderobe abgegeben." Antwort: „Tja, Wasser hat keine Balken."

Bei Nachfragen kann man mit den Achseln zucken, wissend lächeln, eine bedeutungsvolle Handbewegung machen oder weiteren Nonsens äußern.

Faire Grenzsetzungen führen Abwerter auf ein Spielfeld, auf dem ihnen die Erfahrung fehlt. Sie sind es gewohnt, dass andere ihre Abwertungen entweder schlucken oder um ihr Ansehen kämpfen. In der fairen Auseinandersetzung wirken Abwerter oft unbeholfen. Sie verlie-

---

4 Berckhan, Barbara (1999): Die etwas intelligentere Art, sich gegen dumme Sprüche zu wehren: Selbstverteidigung mit Worten. Kösel Verlag, München. S. 67ff.

ren ihre Aura der Überlegenheit. Außerdem erfordert es einen hohen geistigen und emotionalen Energieaufwand, mit Abwertungen gegen faire Grenzen anzukämpfen. Das hält auf Dauer keiner durch. Die hier beschriebenen Abwehrstrategien können Sie nötigenfalls lange variieren, kombinieren und wiederholen.

Wenn Sie zu den eher introvertierten Menschen gehören, dann kennen Sie wohl folgende Reaktion: Sie zögern auf der Suche nach einer klugen, angemessenen Antwort und schon ist die Situation vorbei. Das Gespräch ist längst beim anderen Thema angekommen und es wird dann schwer, noch mal auf die Abwertung zurückzukommen.

> Abwerter sind es gewohnt, dass andere ihre Abwertungen entweder schlucken oder um ihr Ansehen kämpfen. In der fairen Auseinandersetzung wirken Abwerter oft unbeholfen. Sie verlieren ihre Aura der Überlegenheit.

Auf Abwertungen sollten Sie daher möglichst gleich reagieren: Lieber eine Antwort, die zurechtgelegt und nicht sehr geistreich ist, als gar keine Reaktion. Denn wenn Sie die Pfeilspitze einer Abwertung gleich in der Situation abwehren, ersparen Sie sich die spätere Beschäftigung mit ihr.

In diesem Abschnitt habe ich Ihnen verschiedene Strategien vorgestellt, mit denen Sie Abwertungen entschärfen können. Ihr Ziel besteht in einem Selbstschutz, der eine Eskalation der Situation verhindert und Ihre Nerven schont. Wenn Menschen verletzt werden, wünschen sie sich oft, unverwundbar zu sein. Doch das wäre ein unrealistisches Ziel. Wer Unverwundbarkeit anstrebt, handelt sich ein zusätzliches Problem ein. Aber wer es schafft, das unangenehme Verhalten von Abwertern zu begrenzen und sich von verletzenden Worten schneller zu erholen, kann mit einem Rest an Verwundbarkeit leben.

Leben und leben lassen

Wer einem Abwerter begegnet, fragt sich: Warum merkt er nicht, was er mit seinen Worten auslöst? Fehlt ihm denn jedes Einfühlungsvermögen? Hält er so wenig von anderen, dass er ihre Sichtweise nicht ernst nimmt? Bedeuten ihm Beziehungen so wenig, dass ihm das Rechthaben über alles geht? Diese Fragen führen zum Kern des Problems, das

Abwerter haben. Sie haben die Zuwendung anderer als enttäuschend und unzureichend erlebt. Sie versuchen daher, andere durch Kritik zu bessern. Oder sie ziehen sich von der Zuwendung anderer zurück. Dann sorgen sie selbst für sich und stärken ihr Selbstwertgefühl, indem sie sich selbst bestätigen.

Im Umfeld von Abwertern herrscht oft ein kühles Klima. Ihre Zugehörigkeit zu anderen erarbeiten sich Abwerter durch Wissen, Fähigkeiten, Leistung und oft hohen Einsatz. Wenn Abwerter in einer Partnerschaft leben, sind die Partner oft unglücklich oder zu einer Miniaturausgabe ihrer selbst geschrumpft.

Was Abwerter wirklich brauchen, ist das, was ihnen als Kind gefehlt hat: emotionale Wärme, Annahme und Fürsorge, eine Anteilnahme an ihren Freuden, Bedürfnissen, Traurigkeiten und Sorgen. Sie haben ihre Eltern oft als unfähig erlebt, auf ihre Bedürfnisse einzugehen. Deshalb kommen ihnen Menschen auch heute noch als unzureichend vor.

Wo ein Klima von Wärme, Empathie und Fürsorge herrscht, können Abwerter ihr zwischenmenschliches Verhalten in erstaunlicher Weise verbessern. Natürlich müssen Sie abwertendes Verhalten nicht mit Zuwendung belohnen. Sie können aber dann einfühlsam und unterstützend sein, wenn sich ein Abwerter angemessen verhält. Sie können den Abwerter nach einem Missgeschick in Schutz nehmen, aufmerksam auf Bedürfnisse wie Durst, Hunger, Frischluft oder Hilfe eingehen, eine neue Frisur oder ein neues Kleidungsstück bemerken, in Zeiten von Krankheit eine Entlastung anbieten, einen freundlichen Smalltalk führen, an Gefühlen Anteil nehmen. Es sind die kleinen Gesten, mit denen liebevolle Eltern ihre Kinder versorgen und die auch Kollegialität, Freundschaft und gute Nachbarschaft ausmachen. Mit etwas Ausdauer füllen Sie den emotionalen Tank von Abwertern so, dass sie beziehungsorientierter reagieren. Sie öffnen sich dann für die Sichtweisen anderer und zeigen sich in einer mädchen- bzw. jungenhaften Weise, die charmant sein kann.

Trotzdem werden Abwerter gelegentlich in abwertende Reaktionen zurückfallen. Die kann man aber besser ertragen, je positiver man einen Abwerter zwischendurch erlebt. Die Strategien

> Wo ein Klima von Wärme, Empathie und Fürsorge herrscht, können Abwerter ihr zwischenmenschliches Verhalten in erstaunlicher Weise verbessern.

dieses Abschnittes lassen sich auf folgende Formel bringen: „Solange du dich abwertend verhältst, stößt du bei mir auf faire Grenzen und ich muss mich von dir distanzieren. Sobald du dich aber positiv verhältst, findest du bei mir menschliche Wärme und Aufmerksamkeit." Mit nahestehenden Abwertern wie Freunden, Familienmitgliedern oder dem Ehepartner kann man diesen Zusammenhang sogar offen besprechen.

Die eigenen Grenzen akzeptieren

Abwerter lösen Gefühle von Unvermögen und Wertlosigkeit aus. Sie frustrieren das Bedürfnis nach einer positiven menschlichen Resonanz. Der Umgang mit Abwertern erfordert daher die Fähigkeit, auch angesichts negativer Urteile zu wissen, wer man ist und was man kann. Darüber hinaus hilft es sehr, wenn man es schafft, einem Menschen auch dann warmherzig zu begegnen, wenn er Wertschätzung vermissen lässt. Je nach persönlicher Prägung kann das eine Überforderung bedeuten. Besonders wer eine Abwerterin als Mutter oder einen Abwerter zum Vater hatte, wird sich schwer von Herabsetzungen distanzieren können. Aber auch wer viel kritisiert wurde oder in seiner Identität unsicher ist, tut sich möglicherweise sehr schwer, mit Abwertern umzugehen. Dann sollten Betroffene besser keine nahe Beziehung mit ihnen eingehen und sich, wenn möglich, aus einer abwertenden Beziehung lösen. Manchmal kann man die Beziehung zu einem Abwerter einige Zeit ruhen lassen und erst einmal mit Menschen üben, die etwas überkritisch sind. Vielleicht reifen dabei die Fähigkeiten heran, die ein erfolgreicher Umgang mit einem Abwerter erfordert.

> Der Umgang mit Abwertern erfordert die Fähigkeit, auch angesichts negativer Urteile zu wissen, wer man ist und was man kann.

Das nächste Kapitel dreht sich um Vermeidung. Alle schwierigen Menschen vermeiden, was sie fürchten. Abwerter fürchten beispielsweise die Abhängigkeit von anderen Menschen, deren Unvermögen sie sich nicht ausliefern wollen. Doch manche Menschen haben sich Vermeidung als vorherrschende Überlebensstrategie angeeignet.

Auf einen Blick:
Tipps zum Umgang mit Abwertern

■ Nehmen Sie die Abwertung nicht persönlich. Sie ist ein Stressbewältigungmechanismus von Menschen, die sich dem Unvermögen anderer ausgeliefert fühlen.

■ Ziehen Sie der Kränkung den Stachel, indem Sie
  · eine körpersprachliche Barriere aufrichten
  · bezüglich der Abwertung nachhaken
  · die Fehleinschätzung sachlich richtigstellen
  · eine Kommunikationsstörung herbeiführen

■ Wenn Sie einen guten Draht zu einem Abwerter haben, konfrontieren Sie ihn behutsam mit den Auswirkungen seines Verhaltens.

■ Entschärfen Sie das Gefühl von Abwertern, von Unfähigen umgeben zu sein, indem Sie warmherzig und aufmerksam auf seine Bedürfnisse eingehen.

Vermeider

Sie meiden, was ihnen Angst macht. Sie ziehen den Kreis ihres Lebens eng und wer mit ihnen in Beziehung steht, muss sich entsprechend einschränken. Vermeider verweigern sich Pflichten, die ihnen unangenehm sind. Sie ignorieren die Wünsche anderer, wenn deren Erfüllung sie aus ihrer Sicherheitszone hinausführen würde. Dadurch enttäuschen Vermeider ihre Mitmenschen, wecken aber auch Sorge. Denn andere sehen, welche Konsequenzen das Vermeidungsverhalten für die Gesundheit, Beziehungen oder den Arbeitsplatz haben kann. Um sich nicht auch davor zu fürchten, blenden Vermeider die Folgen ihres Verhaltens oft aus.

Die folgenden Fallbeispiele illustrieren, in welche Situationen Vermeider sich selbst und andere manövrieren.

Holger ist Psychotherapeut in Ausbildung. Nach seinem Studium muss er in einer Klinik zum ersten Mal therapeutische Verantwortung tragen. Bald beklagen sich die ersten Patienten über Holger: „Er ist sehr nett, aber die Gespräche sind mehr wie ein Plauderstündchen." Offenbar scheut sich Holger, die Führung der Gespräche zu übernehmen. Er scheint den Schwierigkeiten aus dem Weg zu gehen, die auftreten können, wenn man therapeutische Techniken einsetzt. Auch einer anderen Schwierigkeit geht Holger aus dem Weg. Nach Therapieabschluss muss er einen Bericht verfassen, der in ein Diktiergerät zu sprechen ist – für Anfänger eine schweißtreibende Aufgabe. Als Holger nach einigen Monaten sein Ausbildungsjahr abbricht, finden die Kollegen in seinem Büro einen Stapel unerledigter Akten.

———

Linus ist beliebt. Er gilt als begabter, einsatzfreudiger Abteilungsleiter. Viele in der Abteilung scheinen seine Schattenseite gar nicht zu bemerken. Wenn ein Mitarbeiter Probleme anspricht, wischt

Linus sie mit einer witzigen oder barschen Bemerkung beiseite. Wenn Entscheidungen der Unternehmensleitung die Abteilung in Bedrängnis bringen, duckt er sich einfach weg. Die Probleme gehen dann an ihm vorbei auf die Mitarbeiter über. Linus tut, als könnte er nichts machen. Natürlich könnte er als Abteilungsleiter bessere Bedingungen aushandeln, wie es in anderen Abteilungen auch geschieht. Doch er geht den Problemen einfach aus dem Weg.

Vermeider schaden sich meist selbst. Im Extremfall vereinsamen sie, weil sie Beziehungen abbrechen, steigen beruflich ab, weil sie ihre Jobs häufig wechseln, oder sterben sogar, weil sie einen medizinischen Eingriff aufschieben. Oft leben Vermeider unter ihren Möglichkeiten, fühlen sich damit aber wohl. Dann leiden andere unter den Versäumnissen, Weigerungen oder Einschränkungen, die ein Vermeider ihnen zumutet. Was passiert, wenn man Vermeider damit konfrontiert, dass sie einem etwas schuldig bleiben? Das haben Vermeider in ihrem Leben natürlich schon tausendfach erlebt. Sie haben aber Mittel gefunden, um ihre Sicherheitszone zu verteidigen. Mit diesen sollten Sie umgehen lernen, wenn ein Vermeider zu Ihrem persönlichen Umfeld gehört.

> Vermeider verweigern sich Pflichten, die ihnen unangenehm sind. Sie ignorieren die Wünsche anderer, wenn deren Erfüllung sie aus ihrer Sicherheitszone hinausführen würde.

Verleugnung. Wenn es Spannungen gibt, zieht sich Ramona aus der Freundschaft zurück und meldet sich einige Wochen nicht. Wenn ihre Freundin Patricia sie fragt, was los ist, antwortet Ramona: „Nichts." – „Aber Ramona", beharrt Patricia, „es muss doch einen Grund haben, dass du dich so lange nicht meldest." – „Nein", behauptet Ramona. „Ich war einfach so beschäftigt und abends zu müde, um mich zu melden."

Überempfindlichkeit. Eigentlich kann man mit Silvia gut reden, aber wenn zur Sprache kommt, ob sie sich nicht genauso um die alternden Eltern kümmern kann wie die übrigen Geschwister, reagiert sie gereizt. In Sekunden entfacht sie einen Streit und mengt längst vergangene Ereignisse mit hinein. Das Thema Eltern geht dabei unter, darin besteht auch die Funktion des Streits. Vermeider erklären unangenehme Themen zum Reizthema und müssen sich so nicht mit ihnen auseinandersetzen.

Verantwortungsumkehr. Diese Strategie setzt Abteilungsleiter Linus' ein. Wenn sich die Umsätze bessern würden, vertritt er, stehe die Abteilung besser da und dann könne er auch bessere Arbeitsbedingungen aushandeln. Nun sind die Mitarbeiter in der Pflicht und Linus' Verantwortung verschiebt sich um lange Zeit.

Verschieben. Diese Strategie vermeidet sowohl die Erledigung einer unangenehmen Sache als auch den Konflikt, der eine Verweigerung nach sich zieht. Zu weiterem Verschieben finden sich später immer Gründe. Außerdem erledigen sich manche Probleme mit der Zeit von selbst oder andere nehmen sich ihrer an.

Vermeider haben diese Strategien jahrelang geübt. Deshalb ist es schwer, sie für eine Veränderung zu gewinnen. Ihre Angst lähmt die Eigenmotivation, auf die man bei anderen Menschen setzen kann.

Mit Abstand betrachtet

Innerhalb ihrer Sicherheitszone sind Vermeider sehr angenehme Menschen. Gerade weil sie auf Sicherheit bedacht sind, fühlt man sich bei ihnen wohl, geborgen und gut aufgehoben. Im Rahmen der Grenzen, die sie sich stecken, erledigen Vermeider ihre Aufgaben meist treu und zuverlässig. So können Vermeider jahrelang ausgesprochen angenehme Kollegen sein, wenn die beruflichen Anforderungen zu ihnen passen. Wachsende Herausforderungen können dann das Vermeidungsverhalten auslösen.

In privaten Beziehungen zu Vermeidern fühlen sich Betroffene oft eingeengt. Die Beziehung spielt sich in engen Grenzen ab, weil Vermeider viele Aktivitäten

> Im Rahmen der Grenzen, die sie sich stecken, erledigen Vermeider ihre Aufgaben meist treu und zuverlässig.

und Gesprächsthemen blockieren. Oft gleicht sich das Geben und Nehmen nicht aus, weil Vermeider nur dort etwas zurückgeben, wo es ihnen keine Angst macht. Manchmal ziehen sie sich von Freunden zurück, wenn diese Schweres durchmachen. Auch wenn in einer Beziehung Probleme auftreten, ziehen sich Vermeider oft zurück. Sie melden sich dann wieder, wenn die Probleme verschwunden sind oder wenn so viel Zeit vergangen ist, dass man sich kaum noch an sie erinnert.

Auch im Beruf hat es Folgen, wenn sich Vermeider ihren Verpflichtungen entziehen. Sie blockieren ihre Kollegen. Wenn Vermeider Vorgesetzte sind oder an einer wichtigen Schaltstelle sitzen, können die Arbeitsbedingungen unerträglich werden. Besonders belastend ist folgende Konstellation, von der mir Menschen immer wieder berichten: Ein schwieriger Mitarbeiter – ein Abwerter, Grenzüberschreiter oder Einschüchterer – arbeitet unter einem Vorgesetzten, der Vermeider ist. Weil der Umgang mit schwierigen Menschen immer auch eine Machtfrage ist, liegt es am Vorgesetzten, schwierigen Verhaltensweisen eine Grenze zu setzen. Wenn ein vermeidender Vorgesetzter davor zurückschreckt, kann der schwierige Mitarbeiter frei schalten und walten – ein Albtraum.

Aus all diesen Gründen gehören auch Vermeider zu den schwierigen Menschen. Sie tun nichts Böses, aber auch Unterlassungen können unangenehme Folgen haben.

Falsche Hoffnung, echte Chancen

Vermeidungsverhalten wirft eine entscheidende Frage auf: Ist Angst ein akzeptabler Hinderungsgrund? Die Erfordernisse des Berufs oder des Privatlebens verpflichten Menschen manchmal dazu, in der Öffentlichkeit zu reden, schwierige Aufgaben anzupacken, einen Konflikt auszutragen oder Entscheidungen mitzutragen, die ein Risiko beinhalten. Entbindet Angst Menschen von solchen Verpflichtungen?

> Wenn Vermeider Vorgesetzte sind oder an einer wichtigen Schaltstelle sitzen, können die Arbeitsbedingungen unerträglich werden.

Aus psychologischer Sicht lautet die Antwort: Ja, in den meisten Fällen ist Angst ein echter Hinderungsgrund und kein Vorwand etwa für Bequemlichkeit. Denn Angst und das Vermeidungsverhalten entziehen sich der Kontrolle Betroffener genauso wie anderen zum Beispiel ihr Stottern. Einen stotternden Menschen würde auch niemand unter Druck setzen, er solle doch flüssig sprechen, das könne er schon und müsse sich nur etwas überwinden. Vermeider hingegen machen oft vergleichbare Erfahrungen. Wer Angst hat, kann sein Vermeidungsverhalten oft nicht willentlich unterdrücken.

Wer das Vermeidungsverhalten als Handikap sieht, tut sich im Umgang mit Vermeidern leichter und erspart sich Auseinandersetzungen, bei denen nichts zu erreichen ist. Dafür muss man manchmal Wunschbilder loslassen: „Erika wäre so eine tolle Freundin, wenn sie mit Konflikten umgehen könnte." – „Alfred wäre ein wunderbarer Kollege, wenn er sich auch einmal schwierigen Situationen stellen würde." Doch Erika ist nicht die Freundin, die man sich erhofft hätte, und Alfred ist ein angenehmer Kollege, der aber auch ein großes Problem hat. Das ist die Realität.

Auch wenn Vermeider nicht schuld an ihrem Problem sind, tragen sie natürlich die Verantwortung dafür, wie sie mit ihm umgehen. Wenn das Vermeidungsverhalten die Beziehung oder die Zusammenarbeit behindert, kann man erwarten, dass sich Vermeider Hilfe suchen, um ihr Problem zu überwinden. Heute gibt es für jede erdenkliche Angst wirksame Therapien und bewährte Selbsthilfeangebote. Doch der Gedanke an Hilfe macht Vermeidern oft ebenfalls Angst.

> Wer das Vermeidungsverhalten als Handikap sieht, tut sich im Umgang mit Vermeidern leichter und erspart sich Auseinandersetzungen, bei denen nichts zu erreichen ist.

Hartnäckige Vermeider gehören zu meinen schwierigsten Patienten. Grenzüberschreiter zum Beispiel, so schwierig sie für ihr Umfeld sein mögen, sind sehr beziehungsorientierte Menschen, zu denen sich eine starke therapeutische Bindung aufbauen lässt. Abwerter geben mir zwar einige Sitzungen lang das Gefühl, ein begriffsstutziger Anfänger zu sein, lassen sich aber auf einen Therapieprozess ein. Bei Vermeidern dagegen kommt es auch zu Therapieabbrüchen. Manche Vermeider reden und reden. Sie lassen mich gar nicht zu Wort kommen. Wenn ich sie unterbreche und etwas einwerfe, lassen sie es ohne Reaktion im Raum stehen. Sie knüpfen einfach wieder an ihren Redefluss an. So entstehen weder eine therapeutische Beziehung noch eine gemeinsame Arbeit an einem Problem. Beides fürchten Vermeider und ziehen es vor, sich nur „auszusprechen". In anderen Fällen reflektieren Vermeider über sich, setzen Einsichten aber nicht in ihrem Alltag um. Wieder andere wollen über harmlose Themen sprechen, die mit ihren Problemen kaum etwas zu tun haben.

> Wer Angst hat, kann sein Vermeidungsverhalten oft nicht willentlich unterdrücken.

Wenn ich Vermeider behutsam über ihr Verhalten aufkläre, begegnen sie ihrer Angst. Manche brechen die Therapie dann ab. Andere warten einfach ab, bis ich sie vor die Wahl stellen muss, sich entweder in kleinen Schritten ihrer Angst zu stellen oder die Therapie erst einmal zu beenden. Manchmal erfahre ich durch eine spätere Kontaktaufnahme, wie es im Leben von Therapieabbrechern weitergegangen ist. Dann höre ich oft Schlimmes. Scheidungen, Suizidversuche, schwere Nervenzusammenbrüche sind die Folge von langem Vermeidungsverhalten. Zum Glück stellen sich viele Vermeider ihrer Angst. Dann stellt sich auch die Angst vor Veränderung als unbegründet heraus. Es gibt sanfte Möglichkeiten, sich unangenehmen Herausforderungen zu stellen. Aus ihnen schöpfen auch die Empfehlungen des folgenden Abschnitts.

Vermeider motivieren

Angst verstärkt sich unter Zeitdruck, wenn keine Wahlmöglichkeiten bestehen, wenn Strafen drohen und wenn Situationen undurchsichtig sind. Entsprechend verringert sich Angst, wenn Bedenkzeit vorhanden ist, Wahlmöglichkeiten bestehen, positive Anreize locken, Mitbestimmung möglich ist und die Folgen von Entscheidungen vorhersehbar sind. Diesen Zusammenhang kann man nutzen.

Angst bewältigen helfen

Angstbewältigungsstrategien verkleinern die Hürden, vor denen Vermeider zurückschrecken. Unangenehme Aufgaben kann man zum Beispiel in kleine Schritte zerlegen. Eine konfliktvermeidende Freundin schreckt vielleicht davor zurück, „über die Beziehung zu reden", und wird dem Gespräch ausweichen. Zu einem kleineren Schritt ist sie wahrscheinlich bereit, sich etwa anzuhören, dass man wegen einer Verspätung enttäuscht war. Nach einem solchen Gespräch kann man später auch ein etwas schwierigeres Thema angehen. Bewährte erste Schritte sind:

- sich unverbindlich über etwas informieren
- etwas nur so weit vorantreiben, dass man es noch rückgängig machen kann
- einem anderen zusehen, wie er eine gefürchtete Aufgabe angeht
- eine Aufgabe unter erleichterten Bedingungen ausprobieren, zum Beispiel eine Präsentation erst mal nur vor einem Kollegen oder nur vor der eigenen Abteilung halten

Eine weitere Angstbewältigungsstrategie beruht auf dem menschlichen Bedürfnis nach einer sicheren Bindung. Eltern nehmen ihren Kindern die Angst, indem sie in einer neuen Situation so lange dabei sind, bis ihr Kind sich sicher fühlt. Auch die Angst von Erwachsenen kann man auf diese Weise lindern. Man bietet eine Zeitlang Begleitung an und zieht sich dann schrittweise zurück.

Eine letzte Strategie nutzt den Faktor Zeit, sie nennt sich „Säen" (*Seeding*): „Irgendwann möchte ich Ihnen gerne Aufgaben übertragen, bei denen Sie die neue Software nutzen müssten." Eine derart gesäte Idee bewirkt im Unterbewusstsein eine Gewöhnung, wie die Umgangssprache davon spricht, sich an einen Gedanken zu gewöhnen. Auf diese

> Angst verstärkt sich unter Zeitdruck, wenn keine Wahlmöglichkeiten bestehen, wenn Strafen drohen und wenn Situationen undurchsichtig sind.

Weise werden Menschen auf Lebenseinschnitte vorbereitet, die auch Angst machen können: die Einschulung, der Berufseinstieg, eine Geburt. Auf solche Ereignisse kann man sich lange einstimmen. An diese Erfahrung kann man anknüpfen und einen unangenehmen Gedanken schon einmal aussprechen. Wenn eine Sache dann konkret wird, weckt sie weniger Angst und Widerstand.

Mit diesen Strategien baut man Vermeidern eine Brücke und hilft ihnen über unsicheres Gelände hinweg. Manchmal fehlt ihnen die Motivation dazu. Die erhöht man, indem man die Anreize verändert.

Spannung aufbauen

Vermeider gehen den Weg des geringsten Widerstandes. Unter den möglichen Optionen wählen sie diejenige, die am wenigsten Unannehmlichkeiten mit sich bringt. Also muss eine Situation entstehen, in der das Vermeidungsverhalten unangenehmer wird als das, was vermieden wird. Das erreicht man durch zwischenmenschliche und praktische Konsequenzen.

Werner vernachlässigt seine Pflichten in der WG-Küche, er wäscht kaum ab, putzt nicht und käme nie auf die Idee, beschädigte Gegenstände zu ersetzen. Was tun? Mit sanfter Stimme auf das Problem hinweisen und Verständnis zeigen, weil Werner gerade im Prüfungsstress ist? Wenn Sie einmal in eine solche Situation kommen und Erfolg haben wollen, dann muss Ihre Reaktion unangenehmer sein als die Küchenarbeit. Dazu muss man nicht laut oder gemein werden. Eine volle Stimme, fester Blickkontakt, eine Körperhaltung und Gesten, die Entschlossenheit signalisieren, können sehr unangenehme Reize setzen. Eine ungeschminkte Schilderung des Problems und der eigenen Gefühle, die es verursacht, verstärken den Nachdruck. Beziehungstress gehört zu den Stressoren, auf die unser Nervensystem am stärksten reagiert.

> Vermeider gehen den Weg des geringsten Widerstandes. Unter den möglichen Optionen wählen sie diejenige, die am wenigsten Unannehmlichkeiten mit sich bringt.

Natürlich hat jeder das Recht auf eine erste freundliche Kritik, wenn die aber ungehört bleibt, lässt sich die Intensität der Konfrontation steigern. Unangenehme praktische Konsequenzen wären zum Beispiel ein WG-Rat, der das Thema Küche in den Mittelpunkt stellt, oder die Mitbenutzung einer Kaffeemaschine daran zu binden, ob ein Vermeider sie sauber hinterlässt. Meist muss man gar nicht lange warten und ein Vermeider gibt nach, um dem Beziehungstress oder den praktischen Unannehmlichkeiten zu entgehen. Sobald aber die aversiven Reize nachlassen, schleicht sich die Nachlässigkeit meist wieder ein.

Deshalb erfordert die Auseinandersetzung noch einen weiteren Schritt. Man kann den Vermeider mit dieser Tatsache konfrontieren: „Werner, als ich mich für Ordnung stark gemacht habe, hast du darauf geachtet. Das hat mich gefreut und ich bin dir dankbar dafür. Aber sobald ich dich nicht mehr erinnere, lässt du die Sachen wieder stehen. Das macht mich zornig und ich fühle mich nicht ernst genommen. Ich will weder deine Arbeit machen noch wie eine pingelige Mutter hinter dir her sein. Als ich hier eingezogen bin, habe ich mich darauf verlassen, dass es in den gemeinsamen Bereichen fair zugeht. Das wünsche ich mir von dir, und zwar auch ohne einen Erinnerungsdienst."

> Vermeider gehen Unangenehmem generell aus dem Weg.

Wenn ein Vermeider Einfluss hat, zum Beispiel als Vorgesetzter, kann man ihn natürlich nicht ganz so direkt angehen. Man wird ihn eher auf die negativen Folgen hinweisen, die sein Vermeidungsverhalten hat – für die Abläufe, für die Produktivität, aber auch für die Stimmung und Arbeitsmoral von Mitarbeitern. Als Konsequenzen könnte man eine Beschwerde an höherer Stelle ankündigen oder die Schwierigkeiten auf die Tagesordnung einer Besprechung setzen. Wie immer ist im beruflichen Kontext zu prüfen, mit welchen Risiken solche Maßnahmen verbunden sind.

Eine konfrontative Strategie, die gegenüber Vermeidern angebracht ist, wäre gegenüber Rächern übrigens grundverkehrt. Auch Rächer vernachlässigen ja manchmal ihre Pflichten, aber aus Groll, nicht aus Angst. Vermeider gehen Unangenehmem generell aus dem Weg, Rächer boykottieren gezielt. Vermeider lösen gemäßigte Gefühle aus wie Unmut, Enttäuschung und Ärger, Rächer wecken heiße Wut und nackte Angst. Diese Merkmale erleichtern die Einschätzung, welche Gründe hinter einer Unterlassung stehen.

> Wer mit Vermeidern in einem fairen Verhältnis stehen will, muss sich über Höflichkeitsregeln hinwegsetzen und den eigenen Einsatz – und seien es Selbstverständlichkeiten – an eine Gegenleistung binden.

Eine weitere Motivierungsstrategie nutzt den sozialen Austausch, der in jeder Beziehung stattfindet. Beziehungen beruhen auf Gegenseitigkeit: Gefälligkeiten wiegen einander auf und Aufgaben werden gerecht verteilt. Die Höflichkeit gebietet aber, dabei nicht kleinlich nachzurechnen. Davon profitieren Vermeider. Die meisten Menschen scheuen sich, eine Gegenleistung für ihren Einsatz zu fordern. Wer mit Vermeidern in einem fairen Verhältnis stehen will, muss sich über diese Höflichkeitsregel hinwegsetzen und den eigenen Einsatz – und seien es Selbstverständlichkeiten – an eine Gegenleistung binden. Auf einen Kuhhandel wie in den folgenden Beispielen lassen sich Vermeider in der Regel ein:

- Ein Thema, das einem Vermeider wichtig ist, nur dann besprechen, wenn auch ein anderes auf die Tagesordnung kommt, das er vermeidet.
- Eine Reise oder einen Ausflug davon abhängig machen, ob ein Vermeider seinen Teil zum Gelingen beiträgt.
- Einem Vermeider eine unangenehme Aufgabe nur abnehmen, wenn er sich auf eine Fortbildung, Beratung oder Therapie verpflichtet, die ihn später in die Lage versetzt, seine Aufgabe selbst zu erledigen.

Vermeider akzeptieren solche Absprachen überraschend gut. Sie lassen ihnen Wahlfreiheit, ein gutes Mittel gegen die Angst. Außerdem stellen Vermeider die Regel eines fairen Austausches nicht grundsätzlich in Frage, wie es etwa die Einschüchterer tun. Vermeider stehen sich mit ihrer Angst oft selbst im Weg. Das drücken sie

> Wenn Sie erfahren wollen, was hinter der Weigerung eines Vermeiders steht, braucht es Taktgefühl.

oft so aus: „Ab und zu brauche ich einen Tritt in den Hintern." – „Unter Druck arbeite ich am besten." Diese Einsicht macht viele Vermeider offen für motivierende Anreize, auch für solche, die nicht zu den normalen Umgangsformen unter Erwachsenen gehören.

Über die Angst sprechen

Wenn Sie erfahren wollen, was hinter der Weigerung eines Vermeiders steht, braucht es Taktgefühl. In ungeduldigem Tonfall haben schon viele gefragt: „Warum denn nicht?" Solchen Fragen weichen Vermeider oft aus oder verwirren mit ausufernden Erklärungen. Wer mehr erfahren will, muss Geduld, aufrichtiges Interesse und Verständnis zeigen: eine entspannte, zugewandte Körperhaltung, eine ruhige, warme Stimme, ein aufmerksamer, einladender Blick, der sich bei den meisten Menschen in leicht gehobenen Augenbrauen zeigt. Als Türöffner eignen sich folgende Fragen:

- „Das wäre dir unangenehm?"
- „Gibt es dabei Dinge, die dir Sorgen machen?"
- „Siehst du Probleme auf uns zukommen?"

Die Beispiele umgehen sogar das Wort „Angst". Ein Eingeständnis von Angst beschämt. Außerdem kann es die Angst verstärken, wenn Menschen sie bewusst wahrnehmen.

Öffnen sich Vermeider, dann teilen sie oft ein verzerrtes Bild von sich mit. Sie kommen sich schwächer und unvermögender vor, als sie in Wirklichkeit sind. Sie übertreiben die Hindernisse und Gefahren. Was soll man darauf entgegnen? Das Selbstbild und Weltbild eines Vermeiders hat sich über Jahre geprägt. Es lässt sich nicht einfach verändern. Hilfreicher sind korrigierende Informationen über eine konkrete Situation:

- „Ich erinnere mich, dass Sie die letzte EDV-Umstellung gut gemeistert haben. Daher glaube ich, dass Sie mit der neuen Datenbank auch zurechtkommen werden."
- „Wir haben uns bei Meinungsverschiedenheiten schon oft geeinigt. Denkst du nicht, dass uns das auch gelingt, wenn wir über unsere komplizierte Beziehung zu Bernadette sprechen?"
- „Ein guter Freund von mir hat auch Angst davor, in der Öffentlichkeit zu sprechen. Er hat eine Therapie gemacht und die hat ihm sehr geholfen."

Die Erfolgsformel für den Umgang mit Vermeidern lässt sich in einen Gegensatz fassen: in der Sache hart und konsequent verhandeln, in der Beziehung aber geduldig, einfühlsam, flexibel und unterstützend bleiben. Wer zu weich bleibt, bringt Vermeider nicht in Bewegung, wer zu hart auftritt, löst eine Angststarre aus, in der keine Bewegung mehr möglich ist. Ein Beispiel zeigt, wie Mitgefühl und Konsequenz zusammenfinden.

> Eine Finanzbeamtin ließ komplizierte Fälle in ihrem Aktenschrank liegen, was irgendwann zu Beschwerden führte. Mehrere Mitarbeitergespräche änderten an dem Verhalten nichts und der Abteilungsleiter sah sich gezwungen, die Altlasten selbst abzuarbeiten. Erst als er mit einer Abmahnung drohte, gleichzeitig aber besorgt nach den Gründen ihres Aufschiebens fragte, offenbarte sich die Finanzbeamtin. Sie befürchtete, für Fehler zur Rechenschaft gezogen zu werden und als unzureichend dazustehen, wenn sie bei schwierigen Fällen um Hilfe bittet. Diese Angst konnte ihr der Abteilungsleiter nehmen, indem er Unterstützung anbot und auch eine Rückenstärkung für den Fall einer Fehlentscheidung. Daraufhin suchte die Finanzbeamtin Hilfe, wenn es ihr zu schwierig wurde. Sie arbeitete allmählich ihre Rückstände auf. Ohne den Nachdruck durch die drohende Abmahnung hätte sie die Hilfestellung nicht angenommen.

Einschränkungen annehmen

Wenn Sie die beschriebenen Motivierungsstrategien anwenden, werden Sie voraussichtlich ein gemischtes Ergebnis erreichen. In manchem wird Ihnen ein Vermeider entgegenkommen und Ihre Beziehung oder Zusammenarbeit wird angenehmer werden. In anderen Punkten wird ein Vermeider keine Veränderungsbereitschaft zeigen und sich weiterhin verweigern. Einen Rest an Vermeidung muss man dann akzeptieren.

> Die Erfolgsformel für den Umgang mit Vermeidern lässt sich in einen Gegensatz fassen: in der Sache hart und konsequent verhandeln, in der Beziehung aber geduldig, einfühlsam, flexibel und unterstützend bleiben.

Akzeptanz lässt sich auf dreierlei Weise gestalten. Erstens kann man das Negative annehmen und sich dafür am Positiven freuen. Zweitens kann man die Beziehung oder Zusammenarbeit so verändern, dass die Einschränkung weniger stört. Als Drittes bleibt die Möglichkeit einer Trennung. Für das Beispiel der WG-Situation ergeben sich folgende drei Möglichkeiten, falls sich trotz der Motivierungsstrategien nichts bewegt:

1. Die Unordnung und Mehrarbeit in der gemeinsamen Küche akzeptieren und sich an anderen, positiven Eigenschaften des Vermeiders freuen.

2. Erklären, dass man zwar die Situation in der Küche hinnimmt, aber die ausnutzende Beziehung nicht dulden will und den Kontakt entsprechend oberflächlicher gestaltet.

3. Dem Vermeider einen Auszug nahelegen, wenn das die anderen WG-Mitbewohner unterstützen, oder selbst ausziehen.

Die beschriebenen Möglichkeiten können auch hintereinander durchlaufen werden. In einem Abhängigkeitsverhältnis zu einem vermeidenden Chef könnte die kurzfristige Lösung darin bestehen, seine Beschränkungen zu akzeptieren und das zu nutzen, was der Arbeitsplatz Positives bietet. Mittelfristig könnte sich ein Mitarbeiter distanzieren und in seinen Arbeitsabläufen möglichst unabhängig machen. Dadurch beeinträchtigt es weniger, wenn der Chef seine Verantwortung vernachlässigt. Langfristig kann ein Mitarbeiter nach einer Position mit besseren Arbeitsbedingungen Ausschau halten.

> Die Unbeweglichkeit von Vermeidern erfordert bei anderen eine umso größere Beweglichkeit.

Wie Sie sehen, erfordert die Unbeweglichkeit von Vermeidern bei anderen eine umso größere Beweglichkeit. Betroffene sollten einfühlsam unterstützen und zugleich hart verhandeln. Sie müssen engagiert für eine Veränderung kämpfen und das Unabänderliche akzeptieren. Mit dieser Beweglichkeit erreicht man ein befriedigendes Miteinander mit vermeidenden Menschen. Am Ende der Auseinandersetzung sind auch die Fronten klar. Betroffene wissen, was sie erreichen können und was nicht.

Leben und Leben lassen

Was den Umgang mit Vermeidern angeht, hält unsere Sprache Bilder bereit, die nicht gerade zimperlich sind: Unwilligen tritt man in den

Hintern oder man macht ihnen Feuer unter demselben. Zögernden setzt man die Pistole auf die Brust. Darüber hinaus lässt der Volksmund Unfreiwillige ins kalte Wasser werfen, aus dem Nest stoßen, einheizen, antreiben und anspornen (den Stachel des Reiterstiefels in die Flanken drücken). In diesen durchweg negativen Bildern spiegelt sich, was im Alltag mit Vermeidern häufig geschieht: Nach einer Schonzeit, die länger oder kürzer ausfallen kann, sind Vermeider aggressivem Verhalten ausgesetzt. Außer Rückzug haben sie oft wenige Mittel der Gegenwehr erlernt. Das bestätigt die Vermeider in ihrer Sichtweise: Die Welt ist bedrohlich und überfordernd.

> Die meisten Vermeider waren als Kinder sensibel, irritierbar und auch etwas ängstlicher als andere Kinder. Sie hätten einen besonderen Schutz gebraucht.

In solchen Erfahrungen wiederholen sich Kindheitserlebnisse, die den Schutzmechanismus des Vermeiders geformt haben. Die meisten Vermeider waren als Kinder sensibel, irritierbar und auch etwas ängstlicher als andere Kinder. Sie hätten einen besonderen Schutz gebraucht. Anforderungen, die für die meisten Kinder angemessen sind, haben Vermeider geängstigt. Viele Eltern reagieren darauf mit Kritik und Druck, was einen Teufelskreis in Gang setzt. Manche Kinder haben weniger Energie und Antrieb als andere, sie wirken auf Eltern möglicherweise faul und unwillig. Auch hier kann sich ein negativer Kreislauf aus Forderungen und Verweigerung entwickeln. Und schließlich gibt es Kinder, deren Umwelt tatsächlich unberechenbar und bedrohlich ist, etwa durch Gewalt, Missbrauch oder andere Gefahren. Dann wird das Vermeiden zu einer Überlebensstrategie.

> Die Wiederholung negativer Kindheitserfahrungen kann man Vermeidern ersparen, indem man auf Aggression verzichtet.

Die Wiederholung negativer Kindheitserfahrungen kann man Vermeidern ersparen, indem man auf Aggression verzichtet. Scharfe Kritik, Drohungen, Forderungen, Strafen und plötzliche Ultimaten lassen Vermeider nur eine weitere Runde in ihrem Teufelskreis drehen, statt ihnen einen Ausweg zu eröffnen. Die Strategien dieses Kapitels helfen nicht nur Ihnen, das Beste aus einer schwierigen Situation herauszuholen. Sie eröffnen zugleich einen behutsamen Weg, um der Beziehung oder Zusammenarbeit eine Chance zu geben.

Ein Leben unterhalb der eigenen Möglichkeiten kann ein glückliches Leben sein. Kein Mensch ist verpflichtet, „etwas aus sich zu machen" oder „seine Möglichkeiten zu nutzen". Ob Sie sich in einen kleinen Lebenskreis

> Enttäuschung und Ohnmacht sind wohl die stärksten Gefühle, die man im Umgang mit Vermeidern ertragen muss. Vermeider bleiben hinter den Erwartungen anderer zurück und muten einem unter Umständen einen erheblichen Mangel zu.

hineinbegeben und dort finden, was eine Freundschaft trägt, was ein nachbarschaftliches Verhältnis zu vertiefen lohnt oder eine Zusammenarbeit auf Dauer befriedigend macht, können Sie in aller Freiheit abwägen.

Die eigenen Grenzen akzeptieren

Enttäuschung und Ohnmacht sind wohl die stärksten Gefühle, die man im Umgang mit Vermeidern ertragen muss. Vermeider bleiben hinter den Erwartungen anderer zurück und muten einem unter Umständen einen erheblichen Mangel zu. Das enttäuscht. Sie verschließen sich vielen Wünschen und Bitten. Das macht ohnmächtig.

Der Umgang mit Vermeidern erfordert daher Frustrationstoleranz, Zähigkeit und die Geduld, sich von Teilerfolg zu Teilerfolg zu hangeln. Wenn Ihnen das nicht liegt, sind Akzeptanzstrategien eher zu empfehlen als Veränderungsstrategien: den Vermeider so lassen, wie er ist, und sich so weit unabhängig machen, dass das Vermeidungsverhalten nicht mehr stört.

Zwei Prägungen können den Umgang mit Vermeidern erschweren: Mangelerfahrungen und Überverantwortlichkeit. Manche haben als Kind Mangelerfahrungen gemacht, weil ihnen ein Elternteil durch Vermeidung etwas Wichtiges vorenthalten hat: Nähe, offene Gespräche, die Erfahrung, Konflikte austragen zu dürfen, Anleitung und Aufmerksamkeit, notwendige Hilfestellung und Ähnliches.

> Der Umgang mit Vermeidern erfordert Frustrationstoleranz, Zähigkeit und die Geduld, sich von Teilerfolg zu Teilerfolg zu hangeln.

Solche Erfahrungen werden im Erwachsenenalter wieder wach, wenn Betroffene auf Vermeider stoßen. Sie reagieren dann empfindsam auf den Mangel, den Vermeider ihnen zumuten, manchmal sogar mit depressiven Reaktionen.

Eine zweite Prägung führt im Umgang mit Vermeidern zu einer Überforderung. Manche Menschen haben schon früh Verantwortung für Dinge übernommen, die eigentlich in der Verantwortung ihrer Eltern lagen. Sie mussten sich als Kinder Problemen stellen, die ihre Eltern ignoriert haben. Sie haben in emotionaler oder praktischer Hinsicht die Folgen ausgebügelt, die das Vermeidungsverhalten eines Elternteils hatte. Menschen mit einer solchen Prägung nehmen Vermeidern oft ihre Verantwortung ab. Sie erledigen die unangenehmen Aufgaben. Sie erahnen, was Vermeider nicht aussprechen, und versuchen Lösungen für Probleme zu finden, die ein Vermeider nicht angeht. Weil aber auch Überverantwortliche nur ein begrenztes Maß an Kraft und Zeit haben, vernachlässigen sie ihre eigenen Belange. Sie geraten in Frustration und Erschöpfung.

> Vermeider sind friedliche Menschen, die ihre Sicherheit lieben.

In solchen Fällen lösen sich Betroffene besser aus der Beziehung zu einem Vermeider. Wo das nicht möglich ist, hilft eine qualifizierte Beratung, Seelsorge oder Psychotherapie, angesichts von Vermeidungsverhalten nicht in die eigenen Lebensfallen zu tappen.

Vermeider sind friedliche Menschen, die ihre Sicherheit lieben. Was aber, wenn ein angriffslustiger Mensch zu Angst neigt? Dann muss er im Verborgenen kämpfen.

Auf einen Blick:
Tipps zum Umgang mit Vermeidern

■ Sehen Sie die Angst hinter dem Vermeidungsverhalten und erwarten Sie nicht zu viel. Angst ist ein echtes Handikap.

■ Helfen Sie bei der Angstbewältigung durch einen Schritt-für-Schritt-Plan, Begleitung und Hilfe, die Sie im Gegenzug zu kleinen Schritten gewähren.

■ Wenn Sie durch Vermeidungsverhalten beeinträchtigt werden, machen Sie es unattraktiv. Zeigen Sie Ihre Gefühle, benennen Sie die Folgen, die das Vermeidungsverhalten für Sie hat, kündigen Sie Konsequenzen an, die unangenehmer sind als das, was ein Vermeider umgehen will.

■ Binden Sie Ihre Unterstützung an Gegenleistungen, wenn ein Vermeider Ihnen Selbstverständliches vorenthält.

■ Fragen Sie auf einfühlsame Weise nach den Ängsten, die hinter dem Vermeidungsverhalten stehen. Stärken Sie das Selbstvertrauen des Vermeiders.

Rächer

Rächer strafen andere, indem sie mit Bemerkungen verletzen, wichtige Vorgänge blockieren oder Dringendes vorenthalten. Sie tragen Konflikte nicht offen aus. Erst an der Rache merken Sie, dass Sie sich mit einem Rächer angelegt haben. Welche offene Rechnung er begleichen will, bleibt oft im Dunkel. Wenn Sie ihn auf sein Verhalten ansprechen, zuckt er mit den Schultern. Manchmal huscht ein Zeichen der Selbstzufriedenheit über sein Gesicht. Den Rächer befriedigt es, wenn die Rache Sie trifft.

Vielleicht finden Sie sich mit Ihren Erfahrungen in einer der folgenden Situationen wieder.

Dr. Meier-Neiße erstellt den Stundenplan seines Gymnasiums. Von ihm hängt die Lebensqualität vieler Kollegen ab. Ein zerstückelter Wochenplan oder gehäufter Nachmittagsunterricht treffen Mütter besonders hart. Zu ihnen gehört Uta, deren Töchter im Kindergarten sind. In einem Schuljahr hat sie sich gegen Dr. Meier-Neiße durchgesetzt, als es um eine Raumbelegung ging. In den Sommerferien darauf hat sie einen Stundenplan aus ihrem Fach gezogen, der schlimmer nicht hätte sein können.

Maren bringt ihren neuen Freund zu einer Familienfeier mit. Beim Abschied sagt ihre Tante: „Diesmal wünsche ich dir mehr Glück, mein Herz." Maren kämpft mit den Tränen. Tante Lena muss doch wissen, wie schlimm die Scheidung für sie war und wie brennend ihre Schuldgefühle sind, dass sie das ihrer Tochter nicht ersparen konnte. Wie kann ein Mensch den anderen ausgerechnet da verletzen, wo man so verwundbar ist? Ist sie so blind? Oder ist sie sauer, weil sich Maren an Weihnachten nicht bei ihr gemeldet hat?

Olaf ist ein erfahrener Programmierer, aber eigen in seinen Ansichten und Umgangsformen. Deshalb setzt ihn Gregor nicht als Projektleiter ein, obwohl es Olafs lange Firmenzugehörigkeit nahelegen würde. Beim letzten Projektstart hat sich Gregor schon gefragt, ob Olaf vielleicht verstimmt ist, aber der schien es gleichmütig aufzunehmen. Im neuen Projekt treten allerdings so viele Verzögerungen auf, dass es für Gregors Karriere allmählich gefährlich wird. Fast alle Probleme liegen in Olafs Verantwortung. Wenn Gregor nachfragt, gibt Olaf umständliche Erklärungen ab, die kaum überprüfbar sind. Merkwürdig ist der Tonfall, in dem sich Olaf erklärt. Er klingt geradezu heiter.

Gibt es in Ihrem Leben einen Menschen, der noch eine Rechnung mit Ihnen offen hat? Wenn es ein Rächer ist, werden Sie es zu spüren bekommen. Denn Rächer sind nachtragende Menschen. Sie scheuen die offene Auseinandersetzung. Statt ihre Interessen zu vertreten, strafen sie andere mit verdeckten Racheakten. Was scheinbar zufällig und unabsichtlich geschieht, beinhaltet eine Botschaft: „Das darfst du nicht ungestraft tun. Überlege es dir beim nächsten Mal."

Rächer agieren im Verborgenen. Sie lassen sich mit der Rache Zeit. Sie finden den Punkt, an dem ihr Gegenüber verwundbar ist und nutzen diesen gezielt aus. Das macht ihre Vergeltung so effektiv. Mit kleinen Mitteln erzielen sie einen großen Schaden. Emotional verletzen Rächer andere da, wo sie ihre Schwächen haben. Sie blockieren, wo der andere seine

> Rächer strafen andere, indem sie mit Bemerkungen verletzen, wichtige Vorgänge blockieren oder Dringendes vorenthalten.

dringlichsten Bedürfnisse hat. Sie reden genau dort schlecht über ihre Opfer, wo es diese am meisten trifft: bei Vorgesetzten, wichtigen Kunden oder einflussreichen Menschen im Umfeld der Betroffenen. Durch Versäumnisse oder Fehlinformationen gelingt es Rächern manchmal, ihre Opfer bloßzustellen, sie Chancen verpassen zu lassen oder ihnen finanziellen Schaden zuzufügen.

In der Familie der Rächer gibt es viele Gemeinsamkeiten, in einer Hinsicht jedoch unterscheiden sich ihre Vertreter voneinander. Auf der einen Seite stehen die unschuldigen Rächer, denen ihr Verhalten vollständig unbewusst ist. Auf der anderen Seite stehen Menschen, die ihre Rachefantasien genießen, pflegen und ihre Rache als Befriedigung erleben.

Wenn sich Rächer in einer Therapie besser kennenlernen, erschrecken sie manchmal über ihre Neigung.

> Robert treibt seine Frau zur Verzweiflung, weil er ausgerechnet die Aufgaben vergisst, von denen das Wohlbefinden seiner Frau am stärksten abhängt. In entspannten Beziehungsphasen kann man sich auf Robert verlassen. Wenn es aber einmal Spannungen gibt, häufen sich Fehler und Versäumnisse so, dass Roberts Frau nicht mehr an Zufälle glauben möchte. „Irgendetwas stimmt nicht mit dir", befindet sie und drängt auf eine Therapie. Die nimmt Robert auch auf, auch wenn er gelegentlich Sitzungen oder die therapeutischen Hausaufgaben vergisst. Doch allmählich erschließt sich Robert die verborgene Logik seines Verhaltens. Wenn er sich über seine Frau ärgert und diesen Ärger schluckt, häufen sich Fehler und Versäumnisse, die seine Frau treffen. Auch gegen die vermeintliche Macht seines Therapeuten setzt sich Robert zunächst durch Versäumnisse zur Wehr.

Neben unschuldigen Rächern wie Robert stehen Menschen wie Olaf, der sabotierende Programmierer im vorangegangenen Beispiel. Seine Befriedigung über die Rache steht ihm ins Gesicht geschrieben und wir dürfen davon ausgehen, dass ihm sein Verhalten bewusst ist. Vielen Rächern ist ein Teil ihrer verborgenen Aggression bewusst, ein anderer nicht. Daher kann man praktisch nie herausfinden, wie viel Absicht hinter einem Racheakt steckt.

Mit Abstand betrachtet

Rächer träumen von einer friedlichen Gesellschaft, in der alle gleich sind und in der niemand der Macht eines andern ausgeliefert ist. In harmonischen Familien oder Abteilungen sind sie daher wie ein gut geöltes Rädchen im Getriebe, das unauffällig und fleißig seinen Dienst versieht. Rächer vermeiden offene Konflikte und hoffen, dass andere fair genug sind, ihren Teil zu einem Interessensausgleich beizutragen. Dieser antiautoritäre Zug macht Rächer zu angenehmen Mitmenschen und selbstlosen Funktionsträgern, solange niemand auf ihre Kosten Macht ausübt. Dann beginnen Rächer allerdings ein gefährliches Doppelleben. Ihr unauffälliges Alltagsverhalten verbirgt den Kampf im Untergrund, der ihnen Recht und Genugtuung verschaffen soll.

Wenn Sie sich wie ich hauptsächlich in der bürgerlichen Mittelschicht bewegen, kennen Sie vermutlich eher subtile Racheakte. Eine Rächerin hat in der Zeit meiner Kliniktätigkeit gegenüber meinem Oberarzt Dinge behauptet, die mich in peinliche Erklärungsnöte gebracht haben. Ein anderer Rächer hat mich aus einer wichtigen Arbeitsgruppe ausgeschlossen, die er geleitet hat. Ein konfliktvermeidender Vermieter hat mich gerade um so viel Kaution betrogen, dass es einen Rechtsstreit nicht gelohnt hätte. Einen groben Racheakt habe ich nur einmal erlebt, als ich mich in eine enge Parklücke gezwängt habe. Die Mühe beim Einsteigen hat mir mein Nebenmann vergolten, indem er in unserem Auto einen tiefen Kratzer hinterlassen hat. Je nachdem, mit welchen Menschen man zusammentrifft, gibt es Schlimmeres: aufgeschlitzte Autoreifen, vergiftete Haustiere, ein anonymer Hinweis an den Ehepartner auf ein angebliches Fremdgehen. Doch ob subtil oder schon kriminell: Rächer können einen erheblichen Schaden verursachen.

> Rächer vermeiden offene Konflikte und hoffen, dass andere fair genug sind, ihren Teil zu einem Interessensausgleich beizutragen.

Falsche Hoffnung, echte Chancen

Gelegentlich hört man von Bandenkriegen, Nachbarschaftsstreitigkeiten, Rosenkriegen nach einer Trennung oder persönlichen Fehden innerhalb eines Unternehmens. Dabei schaukeln sich Racheakte in einer Weise hoch, die jedes Maß verliert. Manchmal handelt es sich dabei um ein verhängnisvolles Aufeinandertreffen von zwei Rächern. Oft geht der Krieg aber nur von einem Rächer aus, der andere in einen Kreislauf der Vergeltung hineinzieht. Die Versuchung ist groß, auf einen Racheakt selbst mit Vergeltungsmaßnahmen zu reagieren. Loslassen bedeutet daher zunächst einen Verzicht auf Rache.

Die christliche Tradition motiviert zum Vergeben. Das schützt davor, in einen Krieg einzutreten, in dem es nur Verlierer geben kann.

Stattdessen vertraut sich die Vergebung einer höheren Gerechtigkeit an. Es gibt ein Gesetz von Saat und Ernte, das schwierige Menschen in voller Härte trifft. Mein rächender Vermieter musste im gleichen Jahr einen Suizidversuch seiner Tochter hinnehmen. Die Kollegin, die mich bei meinem Vorgesetzten anschwärzte, lebte seit Langem ohne Liebespartner und schien auch sonst wenig menschlichen Rückhalt zu besitzen. Von dem Leiter der Arbeitsgruppe, der mich ausschloss, wurden schwerwiegende familiäre Probleme bekannt. Das Leben desjenigen, der mein Auto zerkratzt hat, konnte ich natürlich nicht verfolgen, aber wenn ich mir andere Menschen vor Augen führe, die zu solchen Reaktionen neigen, vermute ich, dass ihn das Leben genug gestraft hat. Destruktives Verhalten fällt früher oder später auf einen Menschen zurück, dazu bedarf es meiner und Ihrer Rache nicht. Christliche Fürbitte richtet sich mit dem Anliegen an Gott, den Menschen vor dem zu verschonen, was sein Verhalten verdient hätte. Das Vertrauen auf eine höhere Gerechtigkeit hilft, den Gedanken an Rache loszulassen.

> Wenn Sie nicht in den Strudel einer persönlichen Fehde gezogen werden wollen, müssen Sie etwas leisten, was ein Rächer nicht kann: eine Gemeinheit oder einen Schaden hinnehmen.

Eine nüchterne Kosten-Nutzen-Rechnung kommt zum gleichen Ergebnis. Die Kosten einer Vergeltung sind meist höher als die eines Schadens, den man hinnimmt. Wenn Sie nicht in den Strudel einer persönlichen Fehde gezogen werden wollen, müssen Sie etwas leisten, was ein Rächer nicht kann: eine Gemeinheit oder einen Schaden hinnehmen; akzeptieren, dass man im Leben auch einmal der Macht eines andern ausgesetzt ist.

Darüber hinaus ist es ein Wunsch nach Sicherheit, den man im Umgang mit Rächern loslassen muss. In vielen Beziehungen gilt das beruhigende Einvernehmen: „Solange sich der andere nicht meldet, kann ich davon ausgehen, dass alles in Ordnung ist." Diese Sicherheit lässt sich in Beziehungen zu Rächern nicht aufbauen. Im Umgang mit ihnen sollte man das Gras wachsen hören, Interessenskonflikte selbst bemerken und sich vorbeugend um Probleme kümmern. Wer diese Mühe auf sich nimmt, wird mit Rächern meist zurechtkommen.

Rächer entwaffnen

Der Umgang mit Rächern erfordert vorbeugende Strategien: Spannungen entschärfen, bevor sie ein kritisches Maß überschreiten; Ärger voraussehen und ihm Ventile schaffen; Interessen ausgleichen, auch wenn ein anderer nicht offen für seine Interessen eintritt.

Vielleicht lösen die Empfehlungen dieses Kapitels ein Unbehagen bei Ihnen aus: „Da wird jemand dafür belohnt, dass er nicht den Mund aufmacht. Er muss den anderen nur Angst machen und schon lesen sie ihm die Wünsche von den Augen ab." Leider kommt man mit Rächern tatsächlich nur klar, wenn man ihnen einen Teil der kommunikativen Verantwortung abnimmt. Das ist ärgerlich, ungerecht und doch ein wichtiges Mittel der Schadensbegrenzung. Aber es gibt auch einen kleinen Trost. Die Strategien dieses Abschnittes machen konfliktvermeidendes Verhalten unattraktiv. Sie ziehen ins Licht, was ein Rächer lieber im Dunklen ließe, und spielen ihm damit Verantwortung zu.

Vorbeugen

Moderne Unternehmen bieten Ventile für Unzufriedenheit. Hotelketten legen Fragebögen aus, auf denen Gäste Noten verteilen und Kritikpunkte notieren können. Supermärkte bilden den Marktleiter mit Foto und Namen ab und laden ein, sich bei Unzufriedenheit an ihn zu wenden. Internethändler bieten einen Link für Kritik. Die Logik dieser Angebote liegt auf der Hand: „Bevor uns unzufriedene Kunden bestrafen, indem sie zur Konkurrenz gehen, leihen wir ihrer Unzufriedenheit ein Ohr." Aus der gleichen Überlegung beugen Unternehmen vor, damit unzufriedene Mitarbeiter nicht etwa Dienst nach Vorschrift machen oder Abläufe boykottieren. Sie fragen Mitarbeiter vorbeugend nach Kritik und Unzufriedenheit. Was sich in der Arbeitswelt bewährt hat, lässt sich auch im persönlichen Umfeld nutzen, besonders natürlich, wenn man mit einem Rächer zu tun hat.

Je beiläufiger Sie sich nach Unzufriedenheit erkundigen, desto besser sind die Chancen, dass ein Rächer sich öffnet. Viel zu direkt wäre beispielsweise: „Kann es sein, dass Sie sich über mich geärgert haben?" Denn Rächer fürchten ja die offene Auseinandersetzung und werden auf eine solche Frage ausweichend antworten. Mehr Erfolg versprechen Formulierungen wie diese:

- „Am Ende eines Projekts bitte ich gerne um eine Manöverkritik. Was ist gut gelaufen? Was könnte besser laufen? Darf ich Sie um eine solche Rückmeldung bitten?"
- „Nach der Stellenkürzung sind ja alle in der Abteilung mehr belastet worden. Mich interessiert, ob das fair abgelaufen ist. Wie war das denn für Sie im Vertrieb?"
- „Unsere Diskussion neulich war sehr hitzig. Ist da irgendwas vorgekommen, das dich vielleicht verletzt hat?"
- „Neulich habe ich an dich gedacht. Bei der Frage, wo die Familienfeier stattfindet, ist dein Wunsch nicht berücksichtigt worden. Findest du, dass die Entscheidung trotzdem auf faire Weise gefällt wurde?"

Rächer antworten in der Regel auf einfühlsame Fragen. Sie offenbaren dann, was sie stört. Vielleicht deuten sie sogar an, wenn sie etwas gekränkt oder verärgert hat. Aber selbst wenn Rächer verbergen, was los ist, verhindert die Aufmerksamkeit, dass sich Unzufriedenheit zu einem gefährlichen Groll anstaut. Rächern geht es weniger um die Sache als um das Prinzip. Je weniger rücksichtslos oder autoritär sie andere wahrnehmen, desto weniger neigen sie zu Rache, selbst wenn einmal etwas nicht in ihrem Interesse läuft.

Wenn Rächer aber nun ihren Unmut äußern, wie geht man dann mit diesem um? Professionelle Beschwerdestellen haben das Motto: Der Kunde hat immer recht. Auch wenn ein Rächer zu hohe Erwartungen hat oder etwas persönlich nimmt, was mit ihm nichts zu tun hatte, gibt es doch immer ein Interesse, in das man sich einfühlen kann. Vielleicht war der Beitrag eines Rächers objektiv gesehen nicht wichtig genug, um in das Protokoll einer Teambesprechung aufgenommen zu werden. Aber verständlich ist der Wunsch dennoch, mit den eigenen Ideen ernst genommen zu werden und eine Chance auf deren Verwirklichung zu sehen. Verständnis ist daher schon die halbe Miete: „Da ist ein Punkt, der Ihnen wichtig war, untergegangen. Das tut mir leid." An dem Beispiel

> Rächern geht es weniger um die Sache als um das Prinzip. Je weniger rücksichtslos oder autoritär sie andere wahrnehmen, desto weniger neigen sie zu Rache.

können Sie beobachten: Es ist möglich, Verständnis zu äußern, ohne der Sichtweise des anderen zuzustimmen.

Wenn Sie einem Rächer ein Stück entgegengehen können, wird das die Beziehung entspannen. Zum Beispiel kostet es nur wenige Minuten, ein Protokoll zu ändern. Natürlich kann man nicht immer in der Sache einen Kompromiss machen. Dann kann man zu einem weiteren Kniff von Beschwerdestellen greifen: den Unmut in Richtung einer höheren Instanz lenken: „Herr Obermeier besteht darauf, dass wir nur kurze Ergebnisprotokolle führen."

Zeitdruck, unvorhergesehene Ereignisse, Verpflichtungen gegenüber Kunden oder Firmenspielregeln lassen Rächer meist als höhere Gewalt gelten. Auch für die persönlichen Grenzen anderer haben Rächer oft Verständnis: „Ich kann verstehen, dass du erleichtert wärst, wenn ich unseren Vater häufiger besuchen würde. Aber du weißt, dass unsere Beziehung sehr belastet ist, mehr Kontakt würde mich einfach überfordern." Wenn Rächer die Gründe verstehen, warum ein Entgegenkommen nicht möglich ist, erscheint ihnen Ihr Verhalten nicht mehr willkürlich und der Unmut verraucht.

Die Folgen offenlegen

Rächer üben ihre Macht aus, solange sie im Verborgenen handeln. Wer ihr Tun ans Licht bringt, begrenzt auch ihren Einfluss. Dabei sollte man aber möglichst „antiautoritär" vorgehen und auf hierarchischen, moralischen oder emotionalen Druck verzichten:

- „Die Zeichnung lag 14 Tage bei Ihnen. In dieser Zeit ist der Liefertermin verstrichen, den ich unseren Kunden zugesagt habe. Das trifft mich doppelt: Weil es ein wichtiger Kunde ist und weil die Unpünktlichkeit vor allem auf mich als Teamleiter zurückfällt."
- „Mein Übergewicht ist ein Punkt in meinem Leben, an dem ich besonders verletzlich bin. Wenn du vor anderen darauf anspielst, trifft mich das sehr."

Die Wirkung solcher Rückmeldungen beruht auf drei Faktoren. Erstens haben Rächer eine verzerrte Wahrnehmung, was die Machtverhältnisse angeht. Sie erleben sich selbst als wehrlos und dem Willen anderer ausgeliefert. Dieses Zerrbild korrigiert sich, wenn sie ihre eigene Macht wahrnehmen und die Verwundbarkeit anderer für sie spürbar wird.

Zum Zweiten macht Offenheit den Raum für Heimlichkeiten kleiner. Sind die Folgen erst einmal offengelegt, wird es schwer für den Rächer, einen Abgabetermin scheinbar zu vergessen oder mit einer Bemerkung scheinbar unbeabsichtigt zu verletzen.

> Rächer erleben sich selbst als wehrlos und dem Willen anderer ausgeliefert.

Und drittens setzt Offenheit einen wirksamen Hebel an, sobald andere Menschen einbezogen sind. Eine offene Rückmeldung ohne Vorwurf kann man auch in Teams oder anderen Gruppen aussprechen. Damit geht man kein Risiko ein. Das Risiko für den Rächer dagegen steigt. Irgendwann wird er für die Folgen seines Tuns zur Verantwortung gezogen. Denn früher oder später führt negatives Verhalten zu Konsequenzen, ganz gleich ob es aus Rache oder aus anderen Gründen geschieht.

Zur Verantwortung ziehen

Wenn ein Rächer wiederholt oder schwerwiegend Ihre Interessen verletzt, können Sie ihn durchaus zur Verantwortung ziehen. Dazu stehen Ihnen die Mittel zur Verfügung, mit denen man auch in anderen Situationen auf unfaires Verhalten reagieren kann:

- das Fehlverhalten mit Vorgesetzten besprechen
- das Fehlverhalten in einer Teambesprechung zum Thema machen
- die Zusammenarbeit einschränken
- den Kontakt einschränken
- Dritten gegenüber den Verursacher eines Problems (zum Beispiel einer Verzögerung) nennen
- eine Wiedergutmachung einfordern und für diese Forderung eventuell andere als Unterstützer gewinnen

Dabei ist Ähnliches abzuwägen, wie es schon im Kapitel über Grenzüberschreiter bedacht ist. Einerseits gibt es die Machtfrage zu bedenken: Was ist in einer konkreten Situation durchsetzbar, ohne ein allzu großes Risiko einzugehen? Andererseits sollte die Gegenwehr immer fair ablaufen. Nur dann gewinnt man den Rückhalt anderer, außerdem erspart man sich so ein Aufschaukeln negativer Verhaltensweisen. Rächern sollte man ein Gefühl eigener Einflussmöglichkeiten geben, zum Beispiel so: „Ich schätze es sehr, wie Sie Ihre Berichte schreiben, aber jedes Mal, wenn Sie einen Abgabetermin versäumen, komme ich in eine sehr unangenehme Situation. Wenn sich das nicht ändert, werde ich Herrn Hartlinie bitten, dass jemand anders die Berichte schreibt." Das ist transparent und fair, eine solche Botschaft lässt kein Gefühl von Willkür aufkommen. Rächer scheuen die Konsequenzen meist und greifen dann zu milderen Strafen. Wenn ein Rächer einige Tage nicht grüßt, dafür aber seinen Bericht rechtzeitig abgibt, ist man einem guten Miteinander einen Schritt näher gekommen.

> Je mehr Vertrauen herrscht, desto eher wird sich ein Rächer mit seinem Verhalten auseinandersetzen.

Vielleicht haben Sie sich gewundert, warum hier das eigentliche Problem nicht zur Sprache kommt: die Rache. Tatsächlich lässt sich der Racheakt als solcher oft nicht ansprechen. Denn dieses Verhaltensmuster ist Betroffenen oft nicht bewusst. Wenn es bewusst ist, wird es meist abgestritten und schließlich lässt es sich nur selten nachweisen. Nur in vertrauensvollen kollegialen oder privaten Beziehungen gibt es überhaupt eine Chance, das Rächen selbst anzusprechen. Wenn Sie das einmal versuchen, sollten Sie feinfühlig vorgehen:

- „Sag mal: Eigentlich bist du doch sehr gewissenhaft. Aber wenn es einmal Spannungen zwischen uns gibt, dann passieren gehäuft Dinge, die mich treffen: Dann vergisst du Dinge, die mir wichtig sind, sprichst Gedanken aus, die mir wehtun, beziehst mich nicht in Unternehmungen ein, die mir wichtig sind. Können das noch Zufälle sein? Ich komme mir bestraft vor, als hätte ich etwas getan, was dir nicht gefällt, und bekäme dann einen Denkzettel."
- „Wir waren uns doch neulich in dieser Sache nicht einig. Vielleicht habe ich da meine Interessen auf deine Kosten stark gemacht. Kurz danach hast du in einer anderen Sache ein Veto ein-

gelegt, obwohl sie mir sehr wichtig gewesen wäre und sie dich kaum betrifft. Das kam mir wie eine Retourkutsche vor. Wenn mein Eindruck stimmt: Wäre es nicht besser, du würdest mir gleich sagen, wenn du mit etwas nicht einverstanden bist?"

Je mehr Vertrauen herrscht, desto eher wird sich ein Rächer mit seinem Verhalten auseinandersetzen.

Vergeben

Die Empfehlungen dieses Abschnitts schützen vor Racheakten in der Zukunft. Aber was ist mit den vergangenen? Nur selten gibt es Möglichkeiten, eine Wiedergutmachung zu fordern. Oft fehlt eine Instanz, die eine gerechte Strafe aussprechen könnte. Dann ist Vergebung die beste Option.

Täter erzeugen mit ihrer Tat eine Bindung, die ihr Opfer an sie fesselt: Wut auf den Täter, Furcht vor ihm, Rachegedanken ihm gegenüber, Wiedergutmachungswünsche an ihn und die Sehnsucht, eine höhere Gerechtigkeit möge ihm seine Tat vergelten. Oft entsteht durch eine negative emotionale Bindung ein größerer Schaden als der, den ein Täter ursprünglich zugefügt hat. Wer sich vor einem Rächer wirkungsvoll schützen will, sollte die negative Bindung so schnell wie möglich auflösen. Wie das gelingen kann, zeigt uns die Umgangssprache. Statt jemandem „etwas nachzutragen", kann ich begraben, was ich ihm nicht mehr nachtragen will, und es ruhen lassen. Statt mit jemandem „eine Rechnung offen" zu haben, kann ich „erledigt" darunterschreiben und sie abheften, als wäre sie beglichen. Statt jemandem „Unglück zu wünschen", kann ich ihn seinem Schicksal überlassen, ob es nun hart oder freundlich mit ihm verfahren mag.

Solche Entscheidungen nennt die christliche Tradition Vergebung: den Verzicht darauf, dass ein anderer seine Schuld begleichen muss. Damit bindet nichts mehr an den Täter, man kann in Frieden auseinandergehen oder auch wieder aufeinander zu. Geschädigte

> Richtig verstandene Vergebung erlaubt durchaus, sich vor der Schwäche eines anderen zu schützen und ihn mit den Konsequenzen seines Verhaltens zu konfrontieren.

Menschen zucken oft zusammen, wenn man mit ihnen über Vergebung spricht. Viele Menschen haben in ihrem Elternhaus oder in ihrer Kirchengemeinde ein Bild von Vergebung aufgebaut, das abschreckt. Folgende Zerrbilder begegnen mir häufig:

- Vergebung als Freifahrtschein: Vergebung heißt, sich den Schwächen eines anderen Menschen auszuliefern. Wer vergibt, darf sich nicht beschweren, nicht wehren, keine Grenzen setzen, keine Konsequenzen ziehen. Vergebung ist dann ein Freibrief für den Täter, mit seinem Fehlverhalten fortzufahren.
- Vergebung als Verpflichtung zur Nähe und Offenheit: Vergebung heißt, einseitige Nähe und Harmonie herzustellen. Wenn der andere meine Interessen verletzt, meine Wünsche missachtet und meine Bedürfnisse ignoriert, muss ich das verzeihen und trotzdem so für ihn da sein wie für einen Menschen, der sich mir gegenüber fair und liebevoll verhält.

Wer nach solchen Zerrbildern handelt, lädt andere zu rücksichtslosen oder sogar ausbeuterischen Beziehungen ein. Dies ist natürlich nicht Ziel des christlichen Glaubens.

Richtig verstandene Vergebung erlaubt durchaus, sich vor der Schwäche eines anderen zu schützen und ihn mit den Konsequenzen seines Verhaltens zu konfrontieren. Wo aber ein unbeglichener Schaden zurückbleibt, da befreit die Vergebung den Geschädigten vom Schädiger.

Damit ist die Vergebung als zwischenmenschlicher Vorgang beschrieben. Wenn wir Vergebung als emotionalen Vorgang betrachten, durchlaufen Menschen dabei in der Regel folgende Phasen:

1. Wer vergeben will, sollte zunächst seine Gefühle ernst nehmen und sie zulassen. Eine verletzende Äußerung schmerzt, das Durchkreuzen eines Planes macht traurig oder weckt ohnmächtige Wut, ein materieller Schaden oder eine Schädigung des Rufes verletzt und erschüttert. Vergebung soll bei der Bewältigung von Gefühlen helfen, sie aber nicht übertünchen.
2. Wenn die eigenen Gefühle Zeit und Raum gefunden haben, kann ein Entschluss zu Vergebung folgen: „Ich verzichte auf Rache,

auf Wiedergutmachung und (gegebenenfalls) auf einen riskanten Kampf um Gerechtigkeit."

3. Ein dritter Schritt ist der schwerste: wieder positive Gefühle gegenüber dem Täter aufbauen. Nur wer diesen Schritt geht, profitiert umfassend von Vergebung. Zu diesem Schluss kommt die Vergebungsforschung, die verschiedene Wege der Vergebung verglichen hat.[5]

Wer sich von einem Rächer noch bedroht fühlt, muss sich mit dem dritten Schritt etwas Zeit lassen. Denn emotional erfordert Vergebung ein Mindestmaß an innerer Sicherheit. Sie stellt sich ein, wenn die beschriebenen Maßnahmen der Vorbeugung greifen.

Folgende Strategien können positive Gefühle gegenüber Rächern wecken:

- Manchmal hilft die Erinnerung an Situationen, in denen man selbst andere verletzt oder ihnen geschadet hat. Die Handlung des Rächers mag schlimmer und verwerflicher sein als eigene Verfehlungen. Aber vielleicht beruht sie auf ganz ähnlichen Ursachen: auf einer emotionalen Überreaktion, auf einem Moment der Blindheit für die Auswirkungen des eigenen Handelns, auf einer bedrohlichen Situation, in der ein anderer als Feind erscheint. Die menschliche Schwäche, die man mit dem Täter teilt, kann sein Handeln verzeihlicher machen und Verständnis wecken.
- Vielleicht hat ein Rächer auch gute Seiten gezeigt, die erlauben, ihn etwas positiver zu betrachten, oder die den Racheakt sogar aufwiegen.
- Auch Einfühlung verändert die Gefühle. Wie muss es einem gehen, dass er zum letzten Mittel der Rache greift? Wie ohnmächtig muss er sich vorkommen? Wie schwach müssen ihm andere Mittel der Selbstbehauptung erscheinen? Wer den machtlosen Jungen im Rächer sehen kann, findet vielleicht zu Mitgefühl.
- Unser Handeln hat immer Rückwirkung auf unsere Gefühle, positives Verhalten zieht positive Gefühle nach sich. Eine Freundlichkeit, eine Gefälligkeit oder eine kleine Hilfeleistung verwandeln die Gefühle.

---

5 McCullough et al. (2009): Forgiveness. In: Snyder C, Lopez S (Eds.) Oxford Handbook of Positive Psychology. S. 427-436. University Press, Oxford. P.

Vergebung löst also die negative Bindung an den Rächer. Eine ausgeglichene Gefühlslage hilft außerdem, sich dort zur Wehr zu setzen, wo es sinnvoll und möglich ist. Denn eine maßvolle, gezielte Gegenwehr hat mehr Erfolg als ein Zurückschlagen, das von Gefühlen geleitet ist.

Leben und leben lassen

Die meisten schwierigen Menschen haben einen Vorteil von ihrem Verhalten. Blender finden beispielsweise mehr Anerkennung, als sie verdienen, und ergattern Positionen, für die ihnen die Eignung fehlt. Rächer dagegen haben nicht viel von ihrem Verhalten. Einer kurzen Befriedigung stehen viele Probleme gegenüber, die sich Rächer einhandeln. Andere ziehen sich vor ihnen zurück, bauen Misstrauen auf und vergelten den Schaden, den ein Rächer ihnen zugefügt hat.

Rächer suchen Psychotherapeuten oft auf, wenn ein Ehepartner oder Chef mit dem Aus droht. Wenn sie sich öffnen, zeigen sich die Ursachen ihres Verhaltens: Sie erleben andere als übermächtig, willkürlich und tyrannisch.

> Vergebung löst die negative Bindung an den Rächer.

Ihre Gegenwehr erfolgt mit den verzweifelten Mitteln des vermeintlich Schwächeren. Wie bedrohlich das für andere ist, wird Rächern oft erst im Verlauf einer Therapie bewusst. Sie erschrecken über ihr Repertoire an passiv-aggressiven Verhaltensweisen. Sie lernen, wie sie Machtverhältnisse richtig einschätzen und wie sie sich in gesunder Weise selbst behaupten.

Kann man Rächern das Leben leichter machen, ohne sich selbst in Gefahr zu bringen? Ihr Paradies auf Erden sähe so aus, wie es sich die antiautoritäre Bewegung erträumt hat: Jeder darf mitbestimmen, Macht dient einer guten Sache und nicht dem Eigennutz des Mächtigen. Wer Rächern etwas Gutes tun will, muss den „68er" in sich finden. Die meisten Menschen haben eine antiautoritäre Phase durchlebt, in der Ablösung von den Eltern, in der Schule, in Ausbildung oder Studium. Das Lebensgefühl dieser Phase bringt auf die richtigen Ideen: Mitbestimmung, Konsensfindung, gemeinsame Nutzung von Ressourcen, eine Kultur konstruktiver Kritik, der sich auch Autoritätspersonen stellen. Mit antiautoritären Verhaltensweisen wie diesen entwaffnen Sie Rächer:

Am Ende des Mitarbeitergesprächs tauscht ein Vorgesetzter die Rollen: „So, wenn Sie mögen, können Sie mir eine ehrliche Rückmeldung geben. Wo habe ich Sie im letzten Jahr als Teamchef überzeugt und wo nicht? Was kann ich besser machen? Wenn Sie mir ein Jahresziel setzen könnten, wie würde es lauten?"

Niko stänkert, wenn man sich im Freundeskreis trifft. Er macht oft eigenwillige Vorschläge, wo man sich treffen und was man unternehmen könnte. Meist wischt jemand Nikos Wünsche mit einem Scherz beiseite. Als Frauke einmal genauer nach seinen Vorlieben fragt, entdeckt sie hinter Nikos extremen Vorschlägen Wünsche, die sich in gemäßigter Form durchaus berücksichtigen lassen. Niko ist einfach nur ungeschickt darin, seine Interessen zu vertreten und begibt sich schnell in eine Opferrolle. Als Frauke beim nächsten Treffen einem Wunsch von Niko zu seinem Recht verhilft, gibt er sich gut gelaunt, von Stänkern keine Spur.

Auch Autoritätspersonen können sich der Willkür anderer ausgesetzt fühlen. Schließlich haben auch Untergebene eine gewisse Macht. Sie können sich gegen einen Vorgesetzten verbünden, seine Vorgaben unterlaufen, seine Pläne durchkreuzen. Von Autoritätspersonen wird zudem erwartet, dass sie führen und sich durchsetzen können. Das macht sie umso ohnmächtiger, je mehr der Anschein entsteht, dies gelinge ihnen nicht.

Wer als Schüler, Auszubildender, Mitarbeiter, Vereinsmitglied mit einem Rächer in übergeordneter Position zu tun hat, sollte sich über seine Interessen gut unterrichten. Diesen Interessen gegenüber so loyal und unterstützend wie möglich zu sein, ist der Schlüssel zu einem entspannten Umgang mit Rächern. Falls es Ihre eigenen Interessen oder eine gute Sache erfordern, gegen die Interessen des Rächers zu handeln, sollten Sie das so offen wie möglich besprechen. Je transparenter Ihr Verhalten ist, desto weniger wirkt es wie eine persönliche Willkür. Meist findet sich ein kleines Zugeständnis, das die Wünsche eines vorgesetzten Rächers berücksichtigt und ihn sein Gesicht wahren lässt.

So entspannt der sensible Umgang mit Machtfragen viele Situationen, die im Umgang mit Rächern zu einem Problem werden könnten.

Die eigenen Grenzen akzeptieren

Der Umgang mit Rächern erfordert folgende Fähigkeiten: eine einfühlsame Voraussicht, wenn Interessen des anderen berührt sind, Vergebungsbereitschaft, die Fähigkeit, einen anderen taktvoll mit den Auswirkungen seines Verhaltens zu konfrontieren, und einen sensiblen Umgang mit Machtsituationen.

Dieser Anforderungskatalog dürfte vor allem Menschen stressen, die nicht gerne in einem Zustand erhöhter Wachsamkeit leben. Manche sind durch eine Kindheit vorbelastet, die ihnen große Vorsicht abverlangt hat. Es herrschten unausgesprochene Erwartungen und wenn ein Kind diese nicht richtig erriet, folgten unangenehme Konsequenzen. In einer Familie, in der nicht offen geredet wurde, konnte sich so jederzeit etwas Unangenehmes zusammenbrauen. Wer solche oder ähnliche Erfahrungen gemacht hat, könnte mit Rächern überfordert sein. Dann ist es besser, deren Nähe zu meiden oder sich, wo das vorübergehend nicht möglich ist, eine gute Begleitung zu suchen.

Der Schaden, den Rächer verursachen, hängt auch davon ab, wie verwundbar ein Betroffener gerade ist. Wer zum Beispiel in einer Firma einen guten Ruf genießt, den wird schlechtes Reden eines Rächers kaum treffen. Einem neuen Mitarbeiter dagegen wird dies durchaus schaden. Daher geht man Rächern besser aus dem Weg, solange man sich in einer angreifbaren Situation befindet.

Wenn Sie mit einer guten Portion Vorsicht leben können und eine sichere Position haben, brauchen Sie den Umgang mit Rächern nicht zu fürchten. Ihre zurückhaltende, antiautoritäre Art macht diese zu Menschen, mit denen man lachen, sich entspannen, gegen das Establishment verbünden kann. Sie sind darüber hinaus verlässliche Kollegen und Freunde, solange man Autoritätskonflikte vermeiden kann.

Auf einen Blick:
Tipps zum Umgang mit Rächern

■ Erkennen Sie verdeckte Rache an der Häufung von Verhaltensweisen oder Unterlassungen, die scheinbar zufällig passieren, Sie aber doch an empfindlichen Stellen treffen.

■ Versuchen Sie nicht, die heimliche Rache zu entlarven. Konfrontieren Sie Rächer stattdessen sachlich mit den Folgen, die ihr Verhalten für Sie hat.

■ Beugen Sie einer Rache vor, indem Sie sensibel mit Machtsituationen und den Interessen von Rächern umgehen. Fragen Sie zuvorkommend nach einer möglichen Unzufriedenheit.

■ Entschärfen Sie die Unzufriedenheit eines Rächers durch kleine Zugeständnisse, Verständnis und den Verweis auf Sachzwänge.

■ Bestehen Sie bei der Verletzung Ihrer Interessen auf einer Wiedergutmachung oder auf Konsequenzen. Wo das nicht möglich ist, vergeben Sie lieber, anstatt eine negative emotionale Bindung an den Rächer entstehen zu lassen.

Kombinierte Typen

Bei der Lektüre der vergangenen Kapitel haben Sie sicher Menschen wiedererkannt, denen Sie im Laufe Ihres Lebens begegnet sind und die Sie in ihrer je eigenen Art herausgefordert haben. Vielleicht kennen Sie aber auch Menschen, die noch schwieriger sind als Grenzüberschreiter, Blender, Energieräuber, Einschüchterer, Abwerter, Vermeider oder Rächer. Beunruhigenderweise haben diese gleich die Eigenschaften von mehreren Typen. Denn natürlich kann man schwierige Verhaltensmuster auch kombinieren. Damit steigt die Effektivität dieser Schutzmechanismen. Wer mit kombinierten Typen schwieriger Menschen zurechtkommen will, muss mehrere Abwehrstrategien einsetzen. Wie das in der Praxis gelingt, damit befasst sich dieses Kapitel.

Wie Sie gesehen haben, handeln sich schwierige Menschen mit ihrem Verhalten auch Probleme ein. Vermeider werden zum Beispiel von anderen häufig unter Druck gesetzt. Manche Menschen entdecken daher, dass andere sie in Ruhe lassen, sobald sie mit Wut reagieren. Vermeiden und Einschüchtern lassen sich so zu einem noch wirksameren Schutzmechanismus verbinden. Menschen diesen Typs habe ich Angstbeißer genannt. Auch andere schwierige Verhaltensweisen lassen sich zu einer wirkungsvollen Einheit kombinieren.

Der Umgang mit kombinierten Persönlichkeitstypen erfordert eine besondere Aufmerksamkeit und Flexibilität. Mit etwas Übung können Sie bemerken, wann ein schwieriger Mensch von einem Verhaltensmuster in ein anderes wechselt. Angstbeißer befinden sich beispielsweise meist im Modus eines friedlichen Vermeidungsverhaltens. Darauf kann man mit Strategien reagieren, die Vermeider unterstützen und herausfordern. Wenn der Druck allerdings zu hoch wird, gehen Angstbeißer zu einschüchternden Verhaltensweisen über. Die kann man dann mit Strategien beantworten, die im Umgang mit Wutausbrüchen, Drohungen und Ähnlichem helfen. Wenn man zwei Strategien miteinander verbindet, kann man auch im Umgang mit kombinierten Typen gute Ergebnisse erzielen. Im Folgenden stelle ich Ihnen Kombinationen vor, die in der Praxis häufig vorkommen.

Angstbeißer

Wie schon erwähnt setzt dieser Typ schwieriger Menschen sowohl Vermeidungsverhalten als auch Einschüchterung ein. Angstbeißer vermeiden in der Regel, doch wenn sie sich unter Druck fühlen, setzen sie auch einschüchterndes Verhalten ein. Wer sie dann in Ruhe lässt, braucht kein aggressives Verhalten mehr zu fürchten. Darin liegt aber gerade das Problem. Weil Angstbeißer ihre Vermeidung bissig verteidigen, traut sich bald keiner mehr, von ihnen Selbstverständliches zu fordern. Der Altenpfleger Lutz aus dem einführenden Beispiel lässt sich den Angstbeißern zuordnen. Seine Kollegen ersparen ihm viel Unangenehmes, um seiner Reizbarkeit zu entgehen.

Andere Angstbeißer erklären unangenehme Themen für tabu und reagieren aggressiv, wenn jemand das Tabu bricht. Wieder andere klären ihre Mitmenschen schon beim Kennenlernen darüber auf, was diese auf keinen Fall von ihnen verlangen dürfen. Die Entschiedenheit, mit der sie das erklären, hat einen drohenden Unterton.

Wie geht man nun mit ängstlichen Menschen um, die aus Furcht beißen? Entsprechend ihren zwei schwierigen Verhaltensmustern sind auch zwei Strategien zu kombinieren, die den Umgang mit Angstbeißern erleichtern. Gegen einschüchterndes Verhalten habe ich Ihnen deeskalierende Strategien empfohlen, die einer direkten Auseinandersetzung aus dem Weg gehen. Stattdessen gestehen sie einem bedrohlichen Menschen ein gewisses Maß an Dominanz zu und machen den eigenen Standpunkt in einer gelassenen, selbstsicheren Weise stark. Auch Angstbeißern sollte man das Gefühl geben, dass sie Kontrolle über die Situation haben und mitbestimmen können. Auch ihrem Wutausbruch, ihren Grobheiten und Drohungen kann man ruhig und selbstbewusst standhalten. Sobald man einhaken kann, sind folgende Reaktionen möglich:

Zeit lassen. Wer einen anderen zu einer sofortigen Entscheidung oder einem augenblicklichen Zugeständnis drängt, bringt zusätzlichen Druck in die Situation. Wenn man seinen Standpunkt äußert und dem anderen Zeit lässt, entsteht ein Gefühl von Entscheidungsfreiheit.

Wahlmöglichkeiten lassen. Selbst wenn man nur zwischen unangenehmen Alternativen wählen kann, fühlt sich die eigene Entscheidung besser an als der Zwang eines anderen: „Möchtest du lieber das Protokoll schreiben oder die Bewirtung organisieren?", wäre ein Beispiel für eine Formulierung, die den anderen in die Pflicht nimmt und doch Entscheidungsfreiheit lässt.

Respekt vor der Willensfreiheit zeigen. Niemand kann einen Menschen zwingen. Jeder kann tun, was er möchte, allerdings muss jeder auch mit den Konsequenzen leben, die seine Entscheidungen nach sich ziehen. Wer diese Freiheit betont, kann Konflikte in folgender Weise entschärfen: „Jeder kann hier seine Rolle als Altenpfleger unterschiedlich verstehen und ausfüllen. Ich möchte die Art und Weise, wie du das tust, auch respektieren. Es darf aber nicht auf meine Kosten gehen. Und wenn ich diese Woche drei Zusatzaufgaben habe, während du keine hast, dann bin ich damit nicht zufrieden und werde das auch gegenüber der Stationsleitung vertreten."

> Angstbeißern sollte man das Gefühl geben, dass sie Kontrolle über die Situation haben und mitbestimmen können.

In all diesen Situationen üben Betroffene keinen Druck auf Angstbeißer aus und lösen damit auch weniger aggressives Verhalten aus. Trotzdem entstehen Anreize, die Angst zu überwinden und sich der Verantwortung zu stellen. Hier fließt bereits die zweite Strategie ein, die den Umgang mit Angstbeißern erleichtert. Auf Vermeidungsverhalten antwortet man am besten, indem man Anreize setzt – auf der Beziehungsebene und durch Konsequenzen. Dadurch lässt man die vermeidenden Personen nicht vom Haken. Wenn sich ein vermeidender Mensch gar nicht bewegt, muss er schrittweise mit Konsequenzen leben, die ihn entbehrlich machen. Diese Strategie hilft auch bei Angstbeißern.

Zwischen diesen Strategien kann man flexibel hin und her pendeln. Wenn sich eine Situation hochschaukelt, kann man ein wenig nachgeben und Angstbeißern ein Gefühl von Selbstbestimmung vermitteln. Sobald ein wenig Entspannung auftritt, kann man wieder Anreize setzen, die Angstbeißer den Preis ihres Vermeidungsverhaltens spüren lassen.

Im Stationsteam von Lutz ist das in folgender Weise gelungen.

Das Team hat regelmäßig Besprechungen, zu denen eine externe Supervisorin kommt. Dort können schwierige Fälle, aber auch schwierige Teamsituationen besprochen werden. Als Lutz einmal gefehlt hat, haben sich die Kollegen Luft gemacht. Schließlich haben sie einen Kurs gefunden, den alle mittragen konnten. Man beschloss, einige Schwächen von Lutz zu akzeptieren, zum Beispiel seine Bummelphasen zwischendurch und gereizte Reaktionen, wenn er unter Druck gerät. Gleichzeitig einigte man sich aber, dass Lutz eine Zusatzaufgabe übernehmen soll und er in Anwesenheit der Heimbewohner seinen Gefühlen nicht freien Lauf lassen darf. Andernfalls würde man das Problem schließlich doch gegenüber der Pflegedienstleitung ansprechen und um eine Versetzung von Lutz bitten. In der nächsten Teamsitzung vertrat der Stationsleiter diesen Kurs gegenüber Lutz. Der verteidigte sein Verhalten zwar, aber es war ihm anzumerken, dass er gegen diese Lösung nicht ankämpfen wollte. Lutz übernahm die Zusatzaufgabe und verhielt sich in Stresssituationen beherrschter. Diese Erfahrung machte es den Kollegen leichter, Lutz' Eigenarten anzunehmen und auch seine Qualitäten wieder zu schätzen.

Selbstbediener

Manche Menschen kombinieren Verhaltensweisen von Energieräubern und Grenzüberschreitern. Energieräuber brauchen andere, die ihre kindlichen Bedürfnisse stillen. Manche von ihnen machen früh eine Beobachtung: „Wenn ich warte, bis andere meine Bedürfnisse verstehen und auf sie eingehen, warte ich oft lange. Wenn ich mir aber selbst hole, was ich brauche, und es zur Not einfordere, bekomme ich mehr." Diese Entdeckung haben Selbstbediener gemacht. Sie sorgen durch Grenzüberschreitungen für ihre Bedürfnisse.

Selbstbediener drängen sich auf und nehmen die Hilfe anderer in Anspruch. Sie fordern, statt zu bitten. All das charakterisiert

> Oft ist es Selbstbedienern gar nicht klar, wie aggressiv und fordernd ihre Wünsche rüberkommen.

auch das Verhalten von Grenzüberschreitern. Doch die sind selbst genauso großzügig, wie sie das auch von anderen erwarten. Selbstbediener dagegen suchen Großzügigkeit ohne Gegenleistung. Wenn sie auf ein Nein treffen, reagieren sie enttäuscht, verärgert oder wütend. Gerade sozial eingestellte Menschen geraten leicht in eine Beziehung zu Selbstbedienern, in der sie sich ausgenutzt fühlen. Zunächst fühlen sie sich verpflichtet, auf die Bedürfnisse eines Nachbarn, Kollegen oder Verwandten einzugehen. Und nachdem sie eine Weile geholfen haben, entsteht so etwas wie ein Gewohnheitsrecht, das Selbstbediener immer wieder in Anspruch nehmen. Selbst soziale Menschen laugt das irgendwann aus, zudem entsteht noch das Gefühl, den Ansprüchen eines anderen ausgeliefert zu sein.

Aber auch Menschen, die nicht zu einer Helferrolle neigen, kommen Selbstbedienern oft weit entgegen. Denn diese sind sehr geübt darin, ihre Ansprüche wie Selbstverständlichkeiten erscheinen zu lassen. Wenn Menschen dann aus einer Überforderung heraus den Kontakt zu Selbstbedienern abbrechen, haben sie oft ein schlechtes Gewissen.

Der Umgang mit Selbstbedienern erfordert sowohl eine Antwort auf die kindlichen Bedürfnisse als auch eine Antwort auf die Grenzüberschreitungen. Die kindlichen Bedürfnisse beantwortet man am besten mit einer Hilfsbereitschaft, die ein realistisches Maß findet und ihre Grenzen rechtzeitig und taktvoll vermittelt. Gegen die Grenzüberschreitungen gibt es bei Selbstbedienern ein sehr wirksames Mittel, das sich in folgender Botschaft ausdrücken lässt: „Nur wenn du meine Grenzen akzeptierst, kann ich dir etwas geben. Wenn du meine Grenzen verletzt, muss ich meine Zuwendung einschränken." Oft ist es Selbstbedienern gar nicht klar, wie aggressiv und fordernd ihre Wünsche rüberkommen. Das kann man ihnen mitteilen und mit dem Anreiz verbinden, dass man viel lieber gibt, wenn es aus einem Gefühl der Freiwilligkeit heraus geschieht.

In folgendem Beispiel gelang eine begrenzte Hilfsbereitschaft.

Rudolf ist Steuerberater und gehört der gleichen Kirchengemeinde wie Kevin an. Der junge Mann hat Rudolf um Hilfe gebeten, weil er sich mit einem PC-Laden selbstständig machen will.
„Komm doch mal einen Abend vorbei", hat ihn Rudolf ermuntert. „Ich habe viele selbstständige Mandanten, ich kann dir gerne sagen, was du steuerlich beachten musst." Der Abend wurde allerdings lang, weil Kevin viele Fragen hatte. Sie gingen weit über Steuerli-

ches hinaus. In den Tagen danach rief Kevin immer wieder an oder schickte eine E-Mail. Wenn Rudolf eine E-Mail erst nach drei Tagen beantwortete, erhielt er einen Kommentar wie: „Ich dachte schon, du lässt mich hängen." Rudolf fühlte sich immer unwohler in seiner Haut. Allmählich wurde auch seine Frau wütend, weil die Anrufe die familiären Abläufe durcheinanderbrachten und auch die Stimmung zu Hause veränderten.

Rudolf musste sich erst mit seiner Frau und einigen Freunden besprechen, bis er eine naheliegende Lösung fand: „Ich bin Steuerberater, in dieser Frage kann ich Kevin beraten. Dazu reicht es aber, wenn wir alle paar Wochen miteinander telefonieren. Für die anderen Belange muss sich Kevin jemand anderen suchen." Der schien mit der neuen Regelung einverstanden, rief aber trotzdem noch häufig an. Rudolf pochte das Herz, als er sich endlich zu einer klaren Ansage durchgerungen hatte: „Kevin, das telefonische Coaching für alle möglichen Fragen kann und will ich nicht leisten. Wir hatten das ja besprochen. Ich brauche abends auch Zeit, um mich zu erholen. Und ich fühle mich bei Fragen, die über die Steuer hinausgehen, auch nicht wirklich kompetent. Bitte akzeptiere das. Wenn das nicht geht, musst du dir auch für die Steuerfragen jemand anderen suchen." Das half. Einige Wochen war das Verhältnis etwas angespannt, Kevin hielt sich aber an die Regeln und wirkte in den Begegnungen irgendwie erwachsener.

Auf gleicher Ebene war die Beziehung hinterher natürlich immer noch nicht. Kevin erhielt immerhin eine Dienstleistung kostenlos und konnte nichts Entsprechendes zurückgeben. Aber das muss ja auch nicht immer sein. Das Gefühl, in der Kirchengemeinde zusammenzuhalten und zu helfen, rechtfertigte für Rudolf den Einsatz.

Verführer

Einem Frauentyp hat die Literatur viele Denkmäler gesetzt: verführerische Wesen, deren Nähe so wunderbar ist, dass Männer alles für sie hingeben. Von einem dieser Wesen erzählt Truman Capotes Roman „Frühstück bei Tiffany". Die schöne, exzentrische Holly Golightly lässt sich von Verehrern der New Yorker Oberschicht aushalten, ohne ihnen das Geringste zurückzugeben. In Heinrich Manns „Professor Unrat" ist es die Animierdame Rosa Fröhlich, der ein älterer Gymnasiallehrer seinen Ruf, sein Geld und schließlich seine Existenz opfert. In Dostojewskis „Der Spieler" verkörpert die vergnügungssüchtige Mademoiselle Blanche diesen Frauentyp. Sie bringt Männer um ihre Ehre und ihr Geld. In ihrer Bedürftigkeit verschlingen Verführerinnen, was Männer ihnen schenken. Sie fesseln diese allein mit dem Zauber, der von ihrer verführerischen Selbstinszenierung ausgeht. Das Glück und die erotische Erfüllung, die sie versprechen, lösen sie freilich nicht ein. Wenn Energieräuber blenden, schenken ihnen andere freiwillig, was sie brauchen, ja sie drängen es ihnen geradezu auf. Eine Entdeckung, die für manche Energieräuber zum Schicksal wird.

Natürlich gibt es auch männliche Verführer. Es sind gepflegte, propere Männer mit Charme und besten Umgangsformen. Im Gespräch mit ihnen lege ich als Therapeut die Stirn in Sorgenfalten, der Mann in mir glüht vor Neid. Männliche Verführer verkörpern, wovon Frauen träumen. Frauen verschenken sich und empfangen dafür eine kurze Illusion. Verführer nähren sich von dieser aufregenden Hingabe. Frauen brechen für sie aus ihren Ehen aus. Sie bringen riskante Liebesbeweise.

> Wenn Sie auf einen Verführer treffen, sind Sie sowohl von ihrem Blenden herausgefordert als auch von ihrer kindlichen Bedürftigkeit.

Mit kaum etwas kann man Menschen besser verführen als mit erotischem Blendwerk. Nur Geld und Erfolg kommen dem noch gleich. Als junger Therapeut arbeitete ich einmal mit einer älteren Dame, die einige Häuser geerbt hatte. Ihre Gedanken kreisten um ihren Reichtum. Bald entwickelte ich die Fantasie, als Erbe eingesetzt oder zumindest mit einer großzügigen Schenkung bedacht zu werden. Obwohl ich um den Irrwitz dieser Fantasie wusste, drängte sie sich mir immer wieder auf. Andere Menschen im Umfeld der Dame entwickelten eine ähnliche Gier. Sie gewann dadurch Aufmerksamkeit, Zuwendung und Hilfsbereitschaft, die sie auf anderen Wegen nicht zu finden meinte. Weil die Therapie in einer Klinik stattfand, endete sie nach wenigen Wochen. Ich wurde nicht als Erbe eingesetzt und erhielt auch keine Schenkung. Im Gegenteil – ich ging völlig leer aus. Viele Patienten beschenken mich am Ende einer Therapie mit Worten der Wertschätzung, einer Karte oder einer Süßigkeit. Meine reiche Patientin dagegen zog weiter, als hätte sie nie etwas empfangen.

Wer Einfluss in Geschäftskreisen oder einem Unternehmen hat, kann auch mit Erfolg blenden und Menschen gefügig machen. Im spirituellen Bereich bieten Gurus einen exklusiven Zugang zu Gott, für den Menschen ihre Zeit, ihr Geld und ihre persönliche Hingabe schenken. Hinter dem Charisma und den Versprechungen von Verführern verbergen sich bedürftige Kinder. Weil sich auf dem Weg der Verführung ihre Grundbedürfnisse nicht stillen lassen, bleiben sie unersättlich.

Wenn Sie auf einen Verführer treffen, sind Sie sowohl von ihrem Blenden herausgefordert als auch von ihrer kindlichen Bedürftigkeit. Die größte Herausforderung besteht im Umgang mit der Verführung, denn sie spielt mit unseren stärksten Trieben. Aber auch hier gilt es, die unglaubliche Inszenierung zu durchschauen, die zu schön ist, um wahr zu sein. Glauben Sie einem erfahrenen Psychotherapeuten: Erotische Verführer lösen nie ein, was ihre aufregenden Signale versprechen. Sie sind sexuell wenig erlebnisfähig, sodass die Sexualität in ihren Beziehungen oft ganz zum Erliegen kommt. Ihre innere Leere macht es ihnen außerdem schwer, sich anderen warmherzig und aufmerksam zuzuwenden. Sie fühlen sich nur lebendig, wenn sie ein hohes Maß an Reizen finden. Andere Menschen ermüdet ihre ständige Suche nach Stimulation.

> Wer zu Verführern eine freundlich-distanzierte Beziehung führt, den bezaubern sie bald nicht mehr.

Verführer, die mit Geld, Gütern, Erfolgschancen und Macht locken, tun das mit kühler Berechnung. Sie werden am Ende immer das bessere Geschäft machen und Sie benutzt zurücklassen. Echte Mentoren locken nicht mit verführerischen Aussichten, sondern halten sich zurück, bis mit der Zeit ein ausreichendes Maß an Vertrauen und Gemeinsamkeit entsteht.

Die Verführung ist jedoch manchmal so stark, dass sich Betroffene selbst dann nicht schützen, wenn sie diese durchschauen. Sie beteuern dann hinterher: „Ich wusste, es ist dumm, ihm Geld anzuvertrauen." Oder: „Ich wusste, sie wird mich wieder fallen lassen. Danach habe ich monatelang gelitten." Wer von sich eine Schwäche gegenüber Verführung kennt, sollte sich im Ernstfall jemandem anvertrauen und sich von Freunden helfen lassen, um keine unklugen Entscheidungen zu treffen.

Was es für den Umgang mit Verführern braucht, ist in den Kapiteln über Blender und Energieräuber beschrieben. Betroffene akzeptieren, dass Blender wenig zu geben haben und motivieren sie, zumindest einen gewissen Beitrag zu bringen. Sie schenken Energieräubern eine begrenzte Zuwendung. Wer zu Verführern eine freundlich-distanzierte Beziehung führt, den bezaubern sie bald nicht mehr. Sie vertrauen sich stattdessen mit allerlei Problemen, Selbstzweifeln und Bedürfnissen an. Im Rahmen der eigenen Möglichkeiten kann man sich ihnen zuwenden und auf diese Weise gut mit ihnen klarkommen.

Unfehlbare

Abwerter stellen sich auf einen Sockel und sehen auf andere herab. Blender stellen sich besser dar, als sie sind. Diese beiden Verhaltensweisen lassen sich gut kombinieren, dann haben wir es mit Unfehlbaren zu tun. Sie vermitteln uns unsere Beschränktheit, gleichzeitig enttäuschen sie, wenn sich ihre unglaubliche Kompetenz als mittelmäßig oder mangelhaft herausstellt.

Wenn ein Professor brilliert, verzeihen wir ihm ein wenig Arroganz. Wenn ein arroganter Professor aber langatmige Vorlesungen hält und abwegige Ideen verfolgt, weckt das Zorn. Ein Handwerker darf über unsere Reparaturversuche lächeln, wenn es ihm anschließend besser gelingt. Wenn er aber wissend auftritt und lange braucht, um den Fehler zu finden, empört das.

> Unfehlbare vermitteln uns unsere Beschränktheit, gleichzeitig enttäuschen sie, wenn sich ihre unglaubliche Kompetenz als mittelmäßig oder mangelhaft herausstellt.

Unfehlbare bringen andere Menschen dazu, ihre Abwertungen zu tolerieren und sich auf ihr Expertentum zu verlassen. Blendung und Selbsttäuschung gehen hier eine unheilvolle Allianz ein, die Betroffene erst wehrlos und später maßlos wütend macht. Im Extremfall machen es sich Betroffene dann zur hasserfüllten Mission, einen Unfehlbaren zu vernichten. Persönliche Fehden im Wissenschaftsbetrieb, in der Politik und im Kulturbetrieb haben manchmal diese Dynamik. Hier findet ein Unfehlbarer seinen persönlichen Feind, der ihn vernichten will. Mit Selbstironie hat dies der Schriftsteller Martin Walser in seinem Roman „Tod eines Kritikers" dargestellt.

So weit muss es natürlich nicht kommen. Menschen mit der Aura der Unfehlbarkeit sind oft besonders fehlbar. Deshalb darf man nicht zu viel von ihnen erwarten. Ihre Abwertungen muss man ebenso wenig hinnehmen wie die anderer Abwerter, wie folgendes Beispiel zeigt.

Felix' Mutter hat ihre Stelle als Dozentin an einer Universität bekommen, als es noch unbefristete Stellen gab und weil sie Beziehungen zum Lehrstuhl hatte. Seit Felix klein war, hatte das Wort „Universität" einen Klang, als würden dort nur höhere Wesen ein- und ausgehen. Was Bildung, den Lebensstil und auch Zwischenmenschliches angeht, war Felix' Mutter eine unangefochtene Autorität in der Familie. Im Erwachsenenalter fielen Felix allerdings immer mehr Mängel an seiner Mutter auf. Sie hat am Lehrstuhl und im Bekanntenkreis viele Konflikte. Sie hat schon eine Reihe unkluger Entscheidungen getroffen. Heute macht es Felix wütend, wenn seine Mutter zu Hause doziert und ihm ein Gefühl von Unwissenheit gibt. Aus seinem Frust hat Felix zwei Konsequenzen gezogen. Er erwartet von seiner Mutter nicht mehr, dass ihre Entscheidungen klüger und ihre Fähigkeiten besser sind als die anderer Menschen. Er sucht jetzt lieber Rat bei anderen Menschen, die ihre Fähigkeiten realistischer einschätzen können. Felix hat auch begonnen, sich zu wehren, wenn seine Mutter in überlegener Weise in sein Leben hineinredet: „Was gibt dir das Recht, meine Entscheidungen als unklug hinzustellen? Weißt du wirklich besser als ich, wer in meine WG passt?" Eine Weile hat Felix' Mutter gebraucht, um sich umzustellen. Inzwischen hält sie sich mit ihren abwertenden Bemerkungen zurück. Umgekehrt kann Felix die Schwächen seiner Mutter besser annehmen und schätzen, was sie geben kann – keine unfehlbaren Urteile, keine überlegene Lebensart, aber doch die engagierte Zuwendung einer Mutter.

Kontrollettis

Manche Menschen sind entspannter, wenn sie Kontrolle über ihr Leben haben. Dazu kombinieren sie zwei schwierige Verhaltensweisen. Vermeidung sichert die Kontrolle über das, was man selbst tut oder lässt, Grenzüberschreitung kontrolliert, was andere tun oder geschehen lassen. Die Kombination von Vermeidung und Grenzüberschreitung macht daher vom Wunsch und Willen anderer unabhängig, jedenfalls solange andere dies zulassen.

Manche Kontrollettis versuchen, alle Lebensbereiche zu beherrschen. Die meisten beschränken ihre Kontrolle aber auf einen bestimmten Bereich, der ihnen besonders wichtig ist.

Nähe und Abstand. Hier bestimmen Kontrollettis, wann in einer Beziehung Nähe entsteht und wann nicht. In Freundschaften, in Partnerschaften, aber auch unter Kollegen weisen sie andere oft zurück, wenn diese Zeit mit ihnen verbringen wollen oder über persönliche Dinge sprechen wollen. Wenn ihnen danach ist, stellen sie Nähe her und übergehen sogar das Zögern des andern, der vielleicht noch mit der letzten Zurückweisung beschäftigt ist.

> Der Umgang mit Kontrollettis erfordert ein enormes Maß an Ausdauer, Konfliktfähigkeit und Toleranz für zwischenmenschliche Spannungen.

Betroffene leiden unter diesen Wechselbädern. Irgendwann macht es sie auch zornig, sich so einseitig nach den Wünschen des Kontrolleti richten zu müssen. Irgendwann beobachten sie irritiert: Je willenloser sie sich den Wünschen eines Kontrolleti überlassen, desto mehr Nähe ist möglich. Je mehr sie die Beziehung mitgestalten wollen, desto mehr Konflikte und Distanz sind die Folge.

Gesprächsthemen. Kontrollettis erklären manche Themen zum Tabu. Sie weichen ihnen aus, sie verlangen, darüber nicht sprechen zu müssen. Das tun Vermeider auch. Wenn Kontrollettis allerdings selbst an einem Thema interessiert sind, bohren sie nach, stellen neugierige Fragen und beharren, bis ein Gespräch zustande kommt. Kommunikative Tabus sind unangenehm, kommunikatives Bedrängtwerden auch, doch die Kombination aus beidem weckt ohnmächtige Wut.

Aufgaben und Alltagsgestaltung. Vermeider schränken die Zusammenarbeit oder das Zusammenleben ein, indem sie sich allem verweigern, was ihnen nicht behagt. Grenzverletzer dominieren, indem sie anderen ihre Wünsche aufzwingen. Die Kombination von beidem fühlt sich wie eine Tyrannei an, die das Leben oder Arbeitsabläufe ganz unter ihre Kontrolle bringt.

Kontrollettis gehören damit vielleicht zu den schwierigsten Menschen. Der Umgang mit ihnen erfordert ein enormes Maß an Ausdauer, Konfliktfähigkeit und Toleranz für zwischenmenschliche Spannungen. Betroffene müssen auf kluge Weise einen Druck aufbauen, der die Kontrolle unattraktiv macht und dadurch lockert. Sowohl für vermeidendes als auch für grenzverletzendes Verhalten braucht es Konsequenzen, wie sie in den entsprechenden Kapiteln zu finden sind. Ein wenig Dominanz wird von Kontrollettis allerdings immer ausgehen. Aber wer ihnen in wichtigen Bereichen Kompromisse abringt, kann mit etwas Fremdbestimmung vielleicht leben.

Wenn Bettinas Freundin ein Mann wäre, hätte sie eine On-off-Beziehung mit ihr. Imke ist Bettinas beste Freundin. Sie hat schon mit Liebeskummer in ihren Armen gelegen und sich trösten lassen. Sie haben schon bis tief in die Nacht geredet. Imke hat sich schon die tollsten Geschenke für Bettina einfallen lassen. Dann aber meldet sich Imke eine ganze Weile nicht. Bettina simst: „Was ist los?" Imke antwortet: „Nichts. Bin busy." Vermutlich hat Imke irgendetwas gestört und sie braucht ihre Ruhe. Vielleicht ist aber auch wirklich nichts und sie konzentriert ihre Kräfte gerade woanders. Einige Wochen später klingelt sie und hat eine Pizza dabei. Bettina will eigentlich lernen, aber Imke beharrt: „Komm, eine Stunde, dann ist der Kopf wieder frei." Umgekehrt hat Imke Bettina schon vor der Tür stehen lassen, mit tausend Entschuldigungen, aber mit der entschiedenen Haltung, dass ihre Prüfung vorgeht.

Wegen dieser Wechselbäder hat Bettina einmal die Beziehung abgebrochen, Imke hat ein halbes Jahr lang Grüße ausrichten lassen und Kärtchen geschickt, bis der Kontakt wieder entstand.

Bettina ließ sich beraten und entwickelte einen 4-Punkte-Plan. Erstens nahm sie sich zwei Wochen Zeit, um ihre Gedanken zu ordnen und etwas inneren Abstand zu finden. Zweitens suchte sie das Gespräch. Sie offenbarte ihr Unbehagen, dass sie so wenig über den Kontakt bestimmen kann und Imke so viel bestimmt. Drittens legte Bettina ein Minimum an Kontakt fest, das für sie zu einer engen Freundschaft gehört: einmal pro Woche und wenn es nur ein kurzes

Telefonat ist. Würde Imke nicht dazu bereit sein, würde Bettina die Beziehung beenden und später vielleicht auf einer lockeren Ebene weiterführen. Viertens nahm sich Bettina vor, selbst Nein zu sagen, wenn Imke zu einer ungünstigen Zeit anrief oder vorbeikam. Bisher hatte sie immer Angst, Imke würde sich dann lange zurückziehen. Aber gegenüber dieser Sorge hat Bettina mit Punkt 3 eine Vorsorge getroffen.

Der Plan ging schließlich auf. „Klar", sagte Imke. „Sag mir einfach, was du brauchst, um dich wohlzufühlen." Offenbar war Imke nicht bewusst, wie stark sie die Beziehung kontrolliert hatte. Durch die klaren Rahmenbedingungen entstand eine Freundschaft, mit der Bettina gut leben konnte. Allerdings musste Bettina sie an diese Absprache gelegentlich erinnern.

Dunkle Ritter

Rächer strafen im Namen eigener unbeglichener Rechnungen. Es gibt aber auch Menschen, die im Namen einer Ideologie rächen. Damit überschreiten sie die Grenzen anderer und zwingen ihnen ihre Weltanschauung auf. Im Namen des Umweltschutzes, der Gesundheit, der Rechtgläubigkeit, des Tierschutzes oder der Rechte von Minderheiten fügen sie anderen Schmerz und Schaden zu. Sie sind die Inquisitoren unserer Zeit.

Den eindrücklichsten Aufmarsch dunkler Ritter habe ich während eines Kongresses für Psychotherapie und Seelsorge erlebt. Unter zahlreichen Seminaren gab es dort auch eines, das einen Therapieansatz für Homosexuelle vorstellte, die unter ihrer sexuellen Orientierung leiden und diese verändern wollen. Ein umstrittener Ansatz, über dessen Chancen und Gefahren man unterschiedlicher Meinung sein kann. Dieses Seminar ließ dunkle Ritter in die Schlacht ziehen, weil sie darin den Versuch sahen, eine Minderheit auszurotten. Sie mobilisierten etwa 1000 Demonstranten, die allerdings nicht nur protestieren, sondern den Kongress verhindern wollten, zum Beispiel durch eine Blockade von Ein- und Ausgängen. Da diese Pläne im Vorfeld bekannt wurden, schützten 1000 Polizisten den Ablauf des Kongresses mit großen Einsatzfahrzeugen, berittenen Beamten und Hundestaffeln – eine befremdliche Szenerie für einen Fachkongress. Für das umstrittene

Seminar wurden die Kongressverantwortlichen mit einem Nervenkrieg und hohem organisatorischem Zusatzaufwand gestraft.

Dunkle Ritter ziehen immer da in die Schlacht, wo jemand etwas tut, das mit ihrer Ideologie nicht vereinbar ist. Wir üben im Alltag mehr Macht aus, als uns bewusst ist, zum Beispiel bei einem Vortrag, in einer Leitungsfunktion oder in der Kindererziehung. Hier liegen auch die möglichen Schlachtfelder, wenn Sie auf dunkle Ritter treffen. Wer schreibt, lehrt oder öffentlich spricht, übt eine Deutungsmacht aus. Weil diese Art der Kommunikation recht einseitig ist, kann sie auch als missbräuchlich erlebt werden.

Ab und zu erhalte ich einen vernichtenden Leserbrief oder eine niederschmetternde Rückmeldung nach einem Vortrag. Dann habe ich in den Augen eines dunklen Ritters die Rechtgläubigkeit verletzt oder bin einer schützenswerten Gruppe von Menschen nicht gerecht geworden. Die Grenzüberschreitung liegt hier natürlich nicht in der Kritik, sondern im persönlichen Angriff, der im Namen einer Ideologie erfolgt und meiner Sichtweise ihr Existenzrecht abspricht. In ähnlicher Weise erleben Vorgesetzte Angriffe im Namen ihrer Mitarbeiterrechte oder Eltern scharfe Kritik an ihrer Erziehung – im Namen des Wohls von Kindern. Auch die Ernährung und Lebensweise von Menschen wird von dunklen Rittern zuweilen im Namen der Gesundheit ins Visier genommen. Die gute Absicht rechtfertigt in ihren Augen die Grenzüberschreitung.

> Dunkle Ritter überschreiten die Grenzen anderer und zwingen ihnen ihre Weltanschauung auf.

Rächern begegnet man am besten mit einer Sensibilität bezüglich der eigenen Machtausübung. Dadurch kann man vorbeugend vieles entschärfen. Wer öffentlich spricht, kann weltanschauliche Empfindlichkeiten berücksichtigen. Wer leitet, kann Interessen von Menschen entgegenkommen, die keine starke Lobby haben. Aufmerksamkeit und Taktgefühl können so manchen Aufmarsch dunkler Ritter vermeiden. Weil aber jede Ideologie die Freiheit und Rechte Andersdenkender einschränkt, kann man ihr natürlich nicht beliebig weit entgegenkommen. So lässt sich nicht jeder Kampf mit dunklen Rittern vermeiden. Im Kapitel über Rächer habe ich beschrieben, wie man mit Racheakten umgehen kann.

Wenn sich dunkle Ritter organisieren und Mitstreiter finden, helfen manchmal nur polizeiliche oder juristische Mittel. Im Alltag sind wir aber eher mit Rittern konfrontiert, die hineinreden, unser Verhalten bessern wollen oder scharfe Kritik üben. Dagegen helfen die Strategien aus dem Kapitel über Grenzüberschreiter.

Grundmuster schwierigen Verhaltens

Mit Grenzverletzern, Blendern, Energieräubern, Einschüchterern, Abwertern, Vermeidern und Rächern habe ich Ihnen grundlegende Verhaltensmuster schwieriger Menschen beschrieben. Wie Sie gesehen haben, lassen sich diese auch kombinieren. Rein rechnerisch ergeben sich 21 Möglichkeiten, zwei dieser Muster zu verbinden. Fünf dieser Kombinationen habe ich beschrieben. Ihnen bin ich am häufigsten begegnet und sie werden auch in der Literatur am häufigsten beschrieben. Vielleicht begegnet Ihnen irgendwann ein schwieriger Mensch, der nicht in diesem Buch beschrieben ist. Dann entdecken Sie vielleicht selbst, welche schwierigen Verhaltensweisen er einsetzt, und können auf jede mit den entsprechenden Strategien reagieren. Natürlich können sich auch drei Grundmuster kombinieren. Wenn beispielsweise ein Selbstbediener (Energieräuber und Grenzüberschreiter) auch noch einschüchternde Verhaltensweisen einsetzt, könnte man ihn als Freibeuter bezeichnen. Er lebt auf Kosten anderer, überschreitet Grenzen, setzt aber vor allem auf die Angst seiner Opfer. Damit haben wir es mit einer Form ausbeuterischer Menschen zu tun, wie es sie in Milieus gibt, die sich am Rande der Legalität bewegen. Hier wären entsprechend auch drei Strategien zu kombinieren, die auf alle drei schwierigen Verhaltensmuster antworten.

Mit etwas Übung können Sie die Kombination schwieriger Verhaltensweisen selbst erkennen. Vielleicht wollen Sie ja ein wenig üben. Deshalb schließe ich dieses Kapitel mit Fallbeispielen seltenerer Menschentypen, denen ich aber durchaus schon begegnet bin und die auch in die Fachliteratur eingegangen sind. Die Einschätzung ihrer Verhaltensmuster finden Sie im Anhang.

> Rächern begegnet man am besten mit einer Sensibilität bezüglich der eigenen Machtausübung.

FALLBEISPIEL 1: DER MENSCHENFORMER.

Frederic hat eine Freundin gewählt, die aus einem schwierigen Milieu kommt. Er unterstützt sie sehr bei ihrer Entwicklung, kritisiert aber häufig ihre Umgangsformen, ihren Kleidungsstil und ihre Entscheidungen. Auch im Beruf leiden Menschen unter Frederic. Er ist ein kompetenter Lehrer mit natürlicher Autorität. Referendarinnen, die er anleitet, kommen aber regelmäßig weinend aus den Rückmeldegesprächen. In Konferenzen kritisiert er auch Kollegen und gibt ihnen das Gefühl, fachlich und als Lehrerpersönlichkeit mangelhaft zu sein. Bei den Schülern ist Frederic allerdings beliebt. Es sieht auch das Potenzial schwächerer Schüler und investiert in ihre Entwicklung.

FALLBEISPIEL 2: DER NUTZNIESSER.

Harald lebt von Hartz IV und Zuwendungen aus der Verwandtschaft. Seit dem Tod der Eltern unterstützen ihn die Geschwister finanziell. Harald ist nicht sonderlich belastbar, aber er wäre gesund genug, um sich eine Arbeit zu suchen. Als er vor Jahren noch Jobs angenommen hat, fand er sich in Arbeitsverhältnissen wieder, die er unter seiner Würde fand. Er warf die Arbeit hin und bildete sich für eine Selbstständigkeit fort. Mal sprangen Geschäftspartner ab, mal unterbrach eine interessante Reise ins Ausland seine Pläne. Harald kleidet sich gut, sitzt in angesagten Cafés, liest Zeitung und hat von Zeit zu Zeit eine Freundin. „Warum finanzieren wir ihn eigentlich über Jahre?", fragen sich die Geschwister in regelmäßigen Abständen. Wenn sie ehrlich wären, müssten sie antworten: „Er verkauft sich einfach zu gut, um ihn fallen zu lassen."

FALLBEISPIEL 3: DIE DAUERREDNERIN.

Gisela redet und redet und redet. Freunde und Kollegen hält sie ewig fest. Ihr Redefluss versiegt manchmal erst, wenn andere sich schon verabschiedet haben und außer Hörweite sind. Gisela redet sich ihre Ängste von der Seele, teilt ihre Erlebnisse, stellt Fragen, die sie selbst beantwortet. Offenbar bedeutet es ihr etwas, einen Zuhörer zu finden. Dennoch fühlen sich ihre Zuhörer austauschbar. Jedem anderen würde sie wohl das Gleiche in gleicher Weise mitteilen.

FALLBEISPIEL 4: DER ERMITTLER.

Heiner ist misstrauisch. Überall wittert er eine Verschwörung. Er verdächtigt Mitarbeiter, dass sie der Konkurrenz Informationen zuspielen. Er hört andere an seinem Stuhl sägen. Wenn ein Kollege durch einen Fehler ein Projekt verzögert, stellt Heiner misstrauische Fragen. Die Abteilung leidet unter den Spannungen und dem Klima des Misstrauens, das Heiner erzeugt.

FALLBEISPIEL 5: DIE VERSTUMMENDE.

Eva schweigt. „Versteh mich nicht falsch, Eva", beschwichtigt der Abteilungsleiter. „Ich bin insgesamt sehr zufrieden mit deiner Arbeit. Ich würde mir nur mehr Initiative wünschen, wenn einmal ein unerwartetes Problem auftritt." Eva schweigt. Wieder unterbricht der Abteilungsleiter die unangenehme Stille. „Also, das war eigentlich alles, was ich dir sagen wollte. Ist es für dich ein wenig nachvollziehbar, worauf ich hinauswill?" Nach einigem Schweigen fragt Eva: „Kann ich jetzt gehen?"

Nächstenliebe

Eine soziale Einstellung geht bei vielen Menschen auf eine christliche Prägung zurück. Manche haben als Erwachsene mit dem Glauben gebrochen, sind aber als Kinder christlich erzogen worden. Ihr Gewissen ist noch mehr von christlichen Werten bestimmt, als ihnen bewusst ist. Andere sehen in der Nächstenliebe ein zentrales Ziel ihres Lebens.

Nächstenliebe wird dabei meist so aufgefasst: geduldig mit den Schwächen und Fehlern anderer sein, auf Wünsche anderer auch ohne Gegenleistung eingehen, eigene Interessen zum Wohl des anderen zurückstellen, Verletzungen oder sogar einen Schaden vergeben. Im Horizont unseres Themas wird schnell deutlich: Eine so verstandene Nächstenliebe ist der schnellste Weg, zum Opfer schwieriger Menschen zu werden. Ich begegne immer wieder Betroffenen, die lange unter einem schwierigen Menschen gelitten haben. Sie haben sich immer wieder zum Liebsein gezwungen, Ärger geschluckt und durch einen einseitigen Einsatz eine einigermaßen gute Beziehung hergestellt. Dann frage ich: „Hat es denn etwas Gutes bewirkt?" Die Antwort lautet meist so: „Naja. Ich gehöre wohl zu den Menschen, mit denen Ertragmich am besten klarkommt. Aber viel gebracht hat ihm meine Mühe wohl nicht. Im Gegenteil, irgendwie bestätige ich ihn ja in seinem schwierigen Verhalten." Oft schließt sich dann ein Gespräch darüber an, was einem anderen wirklich dient und wie man Nächstenliebe verstehen kann.

> Die Idee der Nächstenliebe hat eine nachhaltige Wirkungsgeschichte. Jesus von Nazareth hat sie in den Mittelpunkt seiner Botschaft gerückt und damit in das Zentrum des christlichen Glaubens.

Bei vielen Menschen verknüpft sich Nächstenliebe zunächst mit kindlichen Vorstellungen. Sie speisen sich aus dem, was Eltern früher unter „lieb sein" verstanden haben: hilfsbereit, freundlich, offen, großzügig, unkompliziert sein, vielleicht aber auch stets verantwortungsbewusst, opferbereit und tolerant gegenüber unfairer Behandlung. Ein solches Konzept findet im christlichen Glauben keine Bestätigung.

Eine bewusste Auseinandersetzung mit der Nächstenliebe setzt daher einen Reifungsprozess in Gang, der in vielem dem Übergang von einem Kinderglauben zu einem erwachsenen Glauben entspricht. Dann kann Nächstenliebe im Umgang mit schwierigen Menschen auch eine befreiende Wirkung entfalten.

Die Idee der Nächstenliebe hat eine nachhaltige Wirkungsgeschichte. Jesus von Nazareth hat sie in den Mittelpunkt seiner Botschaft gerückt und damit in das Zentrum des christlichen Glaubens. An Jesu Vorbild und Lehre lässt sich wohl am besten studieren, wie Nächstenliebe gemeint ist. Dabei zeigt mein psychologischer Blickwinkel nur einen Ausschnitt des Themas. Denn die folgenden Überlegungen haben auch eine theologische Dimension. Die streife ich aber nur, um den Rahmen dieses Buches und die Grenzen meiner Fachkompetenz nicht zu überschreiten. Ich bemühe mich aber, dieses Kapitel „nach oben offen" zu halten. Wenn das gelingt, dürfte das Anknüpfen theologischer Themen leichtfallen: was Nächstenliebe über das Wesen Gottes sagt, das sich in Jesus Christus offenbart; welche Rolle sie im anbrechenden ‚Reich Gottes' spielt, das Jesus ausgerufen hat; wie die Auferstehung Jesu und die Ausgießung des Heiligen Geistes die Nächstenliebe neu qualifizieren.

Konfrontative Liebe

Wer Jesu Leben und Lehre in den Evangelien studiert, entdeckt dort Gegensätzliches: Momente äußersten Zartgefühls und Momente äußerster Streitbarkeit. Jesu Zartgefühl gilt Menschen, die krank, leidend, ausgegrenzt und mit Schuld beladen sind. Seine Streitbarkeit gilt den Selbstgerechten, den Selbstsüchtigen, den Gnadenlosen und allen, die andere Menschen unter ihrer Macht beugen. Schon diese Beobachtung inspiriert. Denn in schwierigen Menschen begegnen wir beidem: einerseits verwundeten, oft ausgegrenzten und belasteten Zeitgenossen, aber auch deren Selbstbezogenheit, Unkorrigierbarkeit und Anmaßung. Wenn man Jesu Leben und Lehre nicht widersprüchlich nennen will, dürfen sich Nächstenliebe und Streitbarkeit nicht ausschließen. Ehrlichkeit und Konfrontation müssen vielmehr als Bestandteil der Nächstenliebe aufgefasst werden. Dies wird von vielem bestätigt, was sich in den Evangelien beobachten lässt. (Ein Hinweis zur Zitierweise von Bibelstellen findet sich im Anhang.)

Ein markantes Beispiel findet sich in Jesu Umgang mit seinem Schüler Judas. Dessen Verrat sollte heimlich geschehen und zielt auf Jesu verwundbarsten Punkt, dem wachsenden Hass der religiösen Führer. Dieses Verhaltensmuster – Heimlichkeit und das gezielte Ausnutzen wunder Punkte – lässt an **Rächer** denken. Hatte Judas Anstoß genommen und eine offene Rechnung mit Jesus? Manches spricht dafür. An einer Stelle ist Judas' Unzufriedenheit mit seinem Meister überliefert. Jesus hat zugelassen, dass eine Frau sündhaft teures Öl über ihn ausgießt. Das beklagt Judas als Verschwendung, der Erlös hätte den Armen helfen können. Jesus antwortet mit einer Erklärung, die das Anstößige seines Verhaltens verständlich macht (Joh 12,1ff).

> Rächer haben immer eine Legitimation für ihr Verhalten; wenn die sich als nichtig herausstellt, quält das Gewissen.

Diese Antwort gibt Judas eine erste Chance zur Selbstkorrektur. Aber hätte Jesus nicht noch liebevoller vorgehen können? Hätte er Judas nicht beiseitenehmen können und im persönlichen Gespräch um ihn ringen, zur Not nächtelang, bis ihn der unermüdliche Einsatz zur Einsicht führte? Judas hat drei Jahre in enger Gemeinschaft mit Jesus gelebt. Offenbar gibt es einen Punkt, an dem jeder positive Einfluss endet und die Willensfreiheit eines Menschen beginnt – zum Guten wie zum Bösen. Dann kann man ein Fehlverhalten nur noch benennen und den anderen vor die Wahl stellen.

Jesus kündigt den Verrat im Kreis seiner Schüler an, während Judas anwesend ist. Einerseits schützt dies die Schüler, denn ein Verrat aus den eigenen Reihen wird auch für diese eine verstörende Erfahrung werden. Andererseits wäre auch zu diesem Zeitpunkt noch eine Selbstkorrektur möglich gewesen. Aber Judas verrät Jesus und löst damit eine Kette von Ereignissen aus, die schließlich zur Kreuzigung führt. Die Ereignisse stoßen allerdings etwas an, das Judas' Sicht der Dinge verändert. Denn er versucht, die Geldsumme, die er für den Verrat erhalten hat, den Führern der jüdischen Gemeinde zurückzugeben: „Ich habe unrecht getan, dass ich unschuldiges Blut verraten habe" (Mt 27,3). Rächer haben immer eine Legitimation für ihr Verhalten; wenn die sich als nichtig herausstellt, quält das Gewissen. Auch hier wäre eine Selbstkorrektur möglich gewesen: zum Schülerkreis zurückkehren, die Schuld eingestehen und sich dem Urteil der Schüler und schließlich dem Urteil Gottes beugen. Aber Judas nimmt die Bestrafung selbst in die Hand und erhängt sich. Auch heute noch wird in der Rache an sich selbst oder einem nahen Angehörigen ein häufiger Grund für Suizide gesehen.

Aus dieser Betrachtung lässt sich folgendes Fazit ziehen: Einem Verhalten vom Typ der Rächer begegnet Jesus durch eine aufdeckende Konfrontation. Er lässt sich durch die Macht anderer nicht beeinflussen, akzeptiert seine Verwundbarkeit und geht seinen Weg. Jesus macht seine Beweggründe transparent, sodass sich Menschen nicht unnötig über ihn ärgern müssen, verzichtet aber auf Bekehrungsversuche, wo andere sein Handeln dennoch missverstehen. „Selig, wer sich nicht an mir ärgert", sagt Jesus in einem anderen Zusammenhang (Mt 11,6).

Woran kann man hier Nächstenliebe erkennen? Sie liegt wohl in der ehrlichen Konfrontation, die immer eine Chance zur Selbstkorrektur und zum Erhalt einer guten Beziehung eröffnet. Darüber hinaus verzichtet Jesus auf alles, was seine Schüler gegen ihn aufbringen könnte: autoritäres Gebaren oder intransparentes, willkürlich wirkendes Verhalten.

In einer anderen Situation wird Jesus mit **grenzverletzendem Verhalten** konfrontiert. Nach seiner Verhaftung in Jerusalem wird Jesus vom obersten Priester verhört. Als Jesus auf eine seiner Fragen nicht antworten will, tritt ein Knecht des Priesters vor, maßregelt Jesus und schlägt ihn. Nichts gibt dem Knecht ein Recht dazu, eine solche Bestrafung vorzunehmen. Er überschreitet die Grenzen seiner Befugnisse und die der religiösen Ordnung. Nun blicken wir gespannt auf Jesu Reaktion. In seiner Bergpredigt hat er gelehrt: „Wenn dich jemand auf die rechte Backe schlägt, dem biete auch die andere dar" (Mt 5, 39). Nach Meinung mancher Ausleger regelt Jesus hier vor allem den Umgang mit der römischen Besatzungsmacht. Das bedeutet aber nicht, dass man einen anderen nicht auch auf sein Fehlverhalten ansprechen darf. Und so antwortet Jesus: „Habe ich übel geredet, so beweise, dass es böse ist; habe ich aber recht geredet, was schlägst du mich?" (Joh 18,23) Jesus benennt das grenzverletzende Verhalten und distanziert sich davon. Auch hier erkennen wir das Muster konfrontativer Liebe. Jesus macht sich nicht zum Opfer unguter Verhaltensweisen, er eröffnet seinem Gegenüber die Möglichkeit einer Selbstkorrektur und steigt vor allem nicht in einen Kreislauf negativer Verhaltensweisen ein. Er hätte schließlich auch drohen oder das Verhalten des Knechtes verdammen können.

Jesus begegnet auch einem Menschen, der dem **Typus des Blenders** nahekommt. Ein junger Mann stellt die Frage: „Meister, was soll ich Gutes tun, damit ich das ewige Leben habe?" (Mt 19,16) Jesus verweist ihn auf einige der Zehn Gebote und auf das Liebesgebot, die in den Büchern Mose stehen. Darauf erwidert der Mann: „Das habe ich alles gehalten." Aus heutiger Sicht erscheint das allein schon wie eine verwegen positive Selbsteinschätzung. Doch der junge Mann sieht in sich das spirituelle Potenzial, darüber noch hinauszuwachsen: „Was fehlt mir noch?" (Mt 19,20) Nun fordert ihn Jesus zu etwas heraus, das seine Selbstüberschätzung offenbart: „Willst du vollkommen sein, so geh hin, verkaufe, was du hast, und gib's den Armen,

> Einem Verhalten vom Typ der Rächer begegnet Jesus durch eine aufdeckende Konfrontation.

so wirst du einen Schatz im Himmel haben; und komm und folge mir nach!" (Mt 19, 21). Die Reaktion des Mannes ist so überliefert: „Als der Jüngling das Wort hörte, ging er betrübt davon; denn er hatte viele Güter" (Mt 19,22).

Für seine Schüler macht Jesus daraus zunächst ein Lehrstück über die Gefahren des Reichtums. Diese begreifen rasch, dass der Reichtum stellvertretend für andere Abhängigkeiten steht. Sie fragen entsetzt: „Ja, wer kann dann selig werden?" (Mt 19,25) Und Jesus antwortet: „Bei den Menschen ist's unmöglich; aber bei Gott sind alle Dinge möglich" (Mt 19,26). So wird die Begegnung schließlich zu einem Lehrstück über die Armut des Menschen vor Gott.

Naive Nächstenliebe hätte den Selbstbetrug des jungen Mannes gewähren lassen: „Lassen wir ihm den Sonderstatus, überfordern wir ihn nicht. Er zeigt doch guten Willen und kann mit seinem Reichtum unserer guten Sache dienen." Was eine solche Entscheidung für die junge Kirche bedeutet hätte, kann man sich ausmalen. Reife Nächstenliebe bestärkt den Selbstbetrug des andern nicht, selbst wenn dies kurzfristig nützlich wäre. Die ehrliche Konfrontation mit dem, was ist, macht beide Seiten freier. Dennoch beschämt Jesus den jungen Mann nicht.

Drastisch ist **Jesu Botschaft an die Vermeider**. Er sagt sie allerdings, soweit die Evangelien berichten, keinem direkt auf den Kopf zu, sondern fasst sie in ein Gleichnis: Ein Gutsbesitzer geht auf Reisen und vertraut drei Knechten Geld zur Verwaltung an. Zwei Knechte wirtschaften gut mit dem Anvertrauten. Nach der Rückkehr des Gutsbesitzers händigen sie ihm das Doppelte des ursprünglichen Betrages aus, was dieser mit Lob und einer Beförderung belohnt. Ein Knecht allerdings hat das Geld in der Erde vergraben. Er gibt es ohne Ertrag zurück. Sein Vermeidungsverhalten entschuldigt er mit Angst: „Herr, ich wusste, dass du ein harter Mann bist: Du erntest, wo du nicht gesät hast, und sammelst ein, wo du nicht ausgestreut hast; und ich fürchtete mich, ging hin und verbarg deinen Zentner in der Erde. Siehe, da hast du das Deine" (Mt 25,26). Diese Entschuldigung lässt der Gutsbesitzer jedoch nicht gelten, sondern trennt sich von seinem Knecht: „Und den unnützen Knecht werft in die Finsternis hinaus; da wird sein Heulen und Zähneklappern" (Mt 25,30).

Ist das nicht ein wenig hart? Wer in dieser Geschichte Nächstenliebe entdecken möchte, muss sich zunächst vor Augen führen, dass es sich um ein Gleichnis handelt. Die Hörer Jesu stehen ja nicht am Ende ihres Lebens, sondern mittendrin. Sie stehen also vor der Wahl, ob sie ihre Fähigkeiten und Mittel ängstlich zurückhalten oder diese mutig zum Guten einsetzen. Durch das Gleichnis ist die Botschaft sowohl aufrüttelnd als auch sanft. Denn es steht den Hörern frei, inwieweit sie sich mit den Personen im Gleichnis identifizieren.

> Nächstenliebe kann auch bedeuten, kindliche Wünsche zu frustrieren und Menschen zu einer Reife herauszufordern, die auch Anstrengung und Entbehrung auf sich nehmen kann.

Naive Nächstenliebe entbindet andere oft von ihrer Verantwortung: „Wer ein wenig guten Willen zeigt, der hat genug getan. Wer sich fürchtet, dem muss man eben noch Zeit geben." Tatsächlich haben Mut oder Feigheit des einzelnen Menschen enorme Konsequenzen, was sich in unserer Gesellschaft und in der Geschichte immer wieder zeigt. Reife Liebe darf also nicht die Augen vor der Verantwortung verschließen, die ein Mensch mit seinem Leben hat. Auch wenn es erschreckt, muss sie andern manchmal die Konsequenzen ihrer Entscheidungen vor Augen führen. Dennoch kann und darf sie den Ängstlichen nicht zum Handeln zwingen. Diese Dialektik – die gleichzeitige Verwirklichung von Gegensätzlichem – leistet hier die drastische Botschaft in der sanften Form eines Gleichnisses. Jesu Lehre beinhaltet übrigens zahlreiche Hilfen für die Angstbewältigung.

Als **Energieräuber** habe ich Ihnen Menschen vorgestellt, die in einen kindlichen Modus der Stressverarbeitung rutschen. Sie suchen Beruhigung für kindliche Ängste und Schuldgefühle, sie drängen auf die Erfüllung unrealistischer Wünsche. Solchen Situationen begegnet Jesus natürlich auch. Er setzt kindlichen Verhaltensweisen Grenzen und fordert Menschen zu einem erwachsenen Umgang mit der jeweiligen Situation heraus. Ein Beispiel dafür findet sich in einer Situation, in der die Schüler allmählich in Jesus den Sohn Gottes erkennen. Die beiden Schüler Jakobus und Johannes konfrontieren Jesus daraufhin mit einer kindlichen Bitte. Sie wollen zu seiner Rechten und Linken sitzen, wenn Jesus in der Ewigkeit seinen Platz als Herr der Welt einnimmt. Jesus weist diesen Wunsch ab. Er macht deutlich, dass die Ehrenplätze im Himmel für die bestimmt sind, die vorher großes Leid und harte Bewährungsproben auf sich genommen haben. Der kindliche Wunsch besteht hier nicht in der Sehnsucht, an der Ehre und Größe Jesu teilzuhaben, sondern in der Vorstellung, dass dies ohne Mühe, auf eine einfache Bitte hin, möglich sei. Wer eine Rolle für die Kirche spielen will, die auch in der Ewigkeit eine Bedeutung hat, muss erst einmal großen Mut, Gottvertrauen und Opferbereitschaft zeigen. Dies beinhaltet eine zentrale Lernerfahrung, die Eltern ihren Kindern vermitteln: Der Erfüllung der meisten Wünsche geht ein Einsatz voraus und manchmal muss man sich bescheiden, wenn man diesen Einsatz nicht bringen will oder kann. Energieräuber eignen sich diese Einsicht manchmal erst als Erwachsene an. Insofern kann Nächstenliebe auch bedeuten, kindliche Wünsche zu frustrieren und Menschen zu einer Reife herauszufordern, die auch Anstrengung und Entbehrung auf sich nehmen kann.

Pontius Pilatus, der römische Präfekt der Provinz Judäa, wird im Neuen Testament als vorsichtiger Mann geschildert. Dennoch greift er beim Verhör Jesu zu einer **Einschüchterung**: „Redest du nicht mit mir? Weißt du nicht, dass ich Macht habe, dich loszugeben, und Macht habe, dich zu kreuzigen?" Pilatus setzt auf die Todesangst. Gibt es eine korrigierende Liebe angesichts einer solchen Drohung? Jesus entgegnet: „Du hättest keine Macht über mich, wenn es dir nicht von oben her gegeben wäre. Darum: Der mich dir überantwortet hat, der hat größere Sünde" (Joh 19,10.11). Der als Durchsetzungsmittel vor sich her getragenen Stärke zeigt Jesus die Grenzen auf. Pilatus hat Macht über Leben und Tod, aber in einer Weise, die von Gott verliehen ist und vor ihm verantwortet werden muss. Pilatus hat die Macht, Jesus freizulassen oder zu kreuzigen, aber nicht die Macht, Jesus zum Reden zu zwingen. Jesus nimmt Pilatus sogar in Schutz und betont seine vergleichsweise geringe Schuld am Lauf der Dinge.

Soweit sich diese besondere Situation überhaupt verallgemeinern lässt, hieße hier konfrontative Nächstenliebe angesichts einer Einschüchterung: Die Machtverhältnisse anerkennen, sich von ihnen aber nicht die eigene Autorität rauben lassen und den Einschüchterer nicht schlimmer machen, als er ist. Wie in vielen Situationen, in denen man einschüchternden Menschen die Stirn bietet, gewinnt auch Jesus Respekt. „Von da an trachtete Pilatus danach, ihn freizulassen", berichtet der Evangelist Johannes weiter (Joh 19,12). Unreife Nächstenliebe geht angesichts von Einschüchterung in eine Opferrolle und beschuldigt den anderen, in der Hoffnung, er möge sich bessern. Einschüchterer neigen aber wenig zu Gewissensbissen. Im Umgang mit ihnen führt die konfrontative Nächstenliebe weiter, die nicht in die Opferrolle fällt.

> Nächstenliebe ist für unser Thema relevant, weil sie motiviert, anderen auch dann Gutes zu tun, wenn sie sich unangenehm verhalten.

Schließlich können wir Jesus auch beim Umgang mit einer **Abwertung** beobachten. Er hat die jüdische Führungsschicht nervös gemacht. Jesus erfährt viel Aufmerksamkeit und Zulauf aus dem Volk, obwohl er die religiösen Vorschriften nicht immer beachtet. Dadurch untergräbt er vor allem die Autorität einer führenden Gruppe, die sich Pharisäer nennt. Außerdem werden Jesus genau jene Wunder nachgesagt, die die jüdische Tradition von ihrem Messias erwartet. Als er auch noch einen Besessenen heilt, der blind und stumm war, antworten die Pharisäer mit einer drastischen Abwertung. Sie werfen Jesus vor, im Bund mit dem Teufel zu sein und in dessen Kraft gegen böse Geister vorzugehen. Das Wirken von Jesus wird als Teufelswerk diffamiert. Jesus nimmt das nicht hin, reagiert aber besonnen. Zunächst widerlegt er die unsachliche Abwertung mit theologischen Argumenten. Schließlich schlägt er eine gewinnende Brücke. Denn längst haben Anhänger Jesu begonnen, selbst im Namen Jesu für Kranke und Besessene zu beten, diese zu heilen und von bösen Geistern zu befreien. Diese Anhänger kommen auch aus dem Kreis der Pharisäer. Dies bringt Jesus ins Spiel: „Wenn ich aber die bösen Geister durch Beelzebub austreibe, durch wen treiben eure Söhne sie aus? Darum werden sie eure Richter sein" (Mt 12,27). Mögen die Pharisäer Jesus in dieser Weise herabsetzen, mit jungen Männern aus den eigenen Reihen werden sie es nicht tun.

Auch hier sehen wir ein Beispiel konfrontativer Liebe. Jesus reagiert nicht aus einer persönlichen Kränkung heraus. Er lässt die Abwertung aber auch nicht im Raum stehen, weil sie seinem Dienst schaden würde. Mit fairen Mitteln korrigiert er die unsachliche Abwertung. Einem guten Einvernehmen steht danach nichts im Weg. Wer will, kann sein hitziges Urteil korrigieren und von dem Sockel steigen, auf den er sich gestellt hat.

An dieser Stelle kann ich zusammenfassen: Nächstenliebe ist für unser Thema relevant, weil sie motiviert, anderen auch dann Gutes zu tun, wenn sie sich unangenehm verhalten. Gleichzeitig

> Wer nicht in einem gesunden Maß nachgeben, zurückstehen und für den anderen da sein kann, kann Beziehungskonflikte nicht entschärfen.

liegt in falsch verstandener Nächstenliebe eine Gefahr, weil sie wehrlos macht und schwierige Menschen gewähren lässt. Richtig verstanden ist sie aber eine verändernde Kraft, die Wahrheit zumutet, aber stets eine Tür zum guten Miteinander offen lässt. Auch in einer anderen Hinsicht gewährt die Nächstenliebe Handlungsspielräume, nämlich was den Umgang mit Kränkungen und Verlusten angeht.

Die Kunst, sich nicht so wichtig zu nehmen

Nächstenliebe beruht auf einer alten Tugend, die in Vergessenheit geraten ist: Demut. Modern könnte man sie Bescheidenheit nennen oder die Kunst, sich selbst nicht wichtiger zu nehmen als nötig. Soziologen und Psychologen stellen stattdessen in unserer Gesellschaft einen hohen Grad an Narzissmus fest. Dieser Fachbegriff steht für eine selbstbezogene Art, die Welt zu sehen und sich in ihr zu bewegen. Dadurch nehmen Menschen Dinge schnell persönlich und fühlen sich gekränkt.

Es fällt ihnen schwer, eigene Gefühle, Bedürfnisse und Ziele zurück-zustellen. Sie nehmen lieber Beziehungsabbrüche in Kauf, als von den eigenen Vorstellungen abzurücken.

Diese Haltung erschwert den Umgang mit schwierigen Menschen. Wer schwierige Verhaltensweisen persönlich nimmt, reibt sich auf. Wer nicht in einem gesunden Maß nachgeben, zurückstehen und für den anderen da sein kann, kann Beziehungskonflikte nicht entschär-fen. Demut ist das Gegenteil von Narzissmus. Sie kann die Dinge vom anderen her betrachten und muss sie daher nicht persönlich nehmen. Wenn mich ein Kollege beispielsweise wie einen Anfänger behandelt, kann ich das persönlich nehmen, muss es aber nicht. Die selbstbezo-gene Reaktion würde etwa lauten: „Der nimmt meine fachlichen Fä-higkeiten nicht ernst. Gewiss, ich habe den einen oder anderen Fehler gemacht, aber im Großen und Ganzen ist meine Arbeit ausgezeichnet. Was gibt ihm denn das Recht, so über mich zu denken? Ich werde ihm vor Augen führen, was ich leiste, was ich besser kann als er und wo mein Können unverzichtbar ist."

> Alle schwierigen Menschen projizieren Negatives auf andere, andernfalls würden sie sich nicht negativ verhalten.

In eine ganz andere Richtung führt eine Reaktion, die eine Ab-wertung nicht persönlich nimmt: „Mein Kollege ist offenbar mit irgendetwas unzufrieden. Er stellt sich auf einen Sockel und sieht auf mich herab. Ich will erst einmal hören, wo sein Problem liegt." Das Beispiel zeigt: Ob man ein Verhalten per-sönlich nimmt oder nicht, wirkt sich stark auf die eigenen Gefühle und Reaktionen aus.

Demut stellt den anderen in den Mittelpunkt und ist damit ein As-pekt der Nächstenliebe. Die liebt den anderen „wie sich selbst" (Lk 10,27) oder achtet den anderen sogar „höher als sich selbst" (Phil 2,3). Wer sich in dieser Tugend übt, erweitert seinen Handlungsspielraum in einer Weise, die den Umgang mit Menschen revolutionieren kann: anderen den Vortritt lassen, negative Zuschreibungen stehen lassen, fröhlich in die eigene Begrenztheit einwilligen.

Den Vortritt lassen. Schwierige Menschen zeigen ihr belastendes Ver-halten, wenn sie unter Druck sind, frustriert sind oder wenn sie sich be-droht fühlen. Wer ihnen hilft, ihr Gleichgewicht wiederzufinden, hilft ihnen auch dabei, sich wieder positiver zu verhalten. Diesen Zusammenhang nutzen viele Empfehlungen der vorangegangenen Kapitel.

Bei Rächern hieße das zum Beispiel, ihrem unterdrückten Ärger entgegenkommen und diesem ein Ventil schaffen. Die spontane menschliche Reaktion geht aber meist in die gegenteilige Richtung: „Moment mal. Das ist nicht in Ordnung so. Jetzt muss es erst einmal um mich gehen. Ich will meinen Gefühlen Luft machen und meine Rechte wahren." Es ist dann ein Akt der Demut, wenn man trotzdem zuerst auf das Problem des anderen eingeht. Ich habe viele Konflikte erlebt, die nach dem Prinzip des Zurücktretens entschärft wurden – Konflikte, die das Potenzial einer Eskalation oder Zerrüttung in sich trugen. Manchmal genügen ein wenig Verständnis und ein Zugeständnis. Sie verwandeln einen schwierigen Menschen in einen angenehmen Zeitgenossen.

> Bescheidene Menschen können mit Teilerfolgen leben und auch akzeptieren, wenn ein schwieriger Mensch ihre Möglichkeiten einmal überfordert.

Negative Zuschreibungen stehen lassen. Alle schwierigen Menschen projizieren Negatives auf andere, andernfalls würden sie sich nicht negativ verhalten. Abwertern kommen andere so unfähig vor, dass man sich auf ihr Urteil und ihre Arbeit nicht verlassen kann. Die empfundene Unfähigkeit bekommen andere dann wie ein Etikett an die Stirn geheftet, was sich natürlich nicht gut anfühlt. In den Augen von Blendern sind andere naiv und beeinflussbar. Auch eine solche Zuschreibung kränkt das Ehrgefühl. Wer aus der Kränkung heraus handelt, stürzt sich in nutzlose Auseinandersetzungen um das eigene Ansehen.

Bescheidenheit kann ein negatives Urteil stehen lassen, was sich etwa in der folgenden Haltung ausdrückt: „Warum muss jeder jederzeit meine Qualitäten wahrnehmen und bestätigen? Ein falsches Urteil über mich wird sich mit der Zeit von selbst korrigieren." Im Gegenteil entlastet es schwierige Menschen, wenn sie andere negativ sehen, statt sich selbst negativ sehen zu müssen. Darin besteht eine wichtige Funktion der Projektion. Wenn schwierige Menschen Negatives bei anderen deponieren dürfen, sind sie entlastet und können sich positiver verhalten. Diese Aufbewahrung von Negativem, die in der tiefenpsychologischen Fachsprache *containing* heißt, lässt sich als Dienst am Mitmenschen verstehen, zu dem es freilich eine gewisse Demut braucht.

Psychotherapeuten werden häufig mit solchen Projektionen konfrontiert. Sie müssen ertragen, dass sie von manchen Patienten eine Weile für unfähig, kaltherzig, willkürlich, selbstbezogen, gleichgültig und Ähnliches gehalten werden. Unerfahrene Psychotherapeuten halten diese Kränkung manchmal schlecht aus. Sie wehren sich gegen die negativen Zuschreibungen und verursachen unnötige Komplikationen im Therapieverlauf. Menschen in anderen Sozialberufen machen ganz ähnliche Erfahrungen und müssen durch eine Schule der Demut gehen, bis sie auch schwierigen Menschen gute Begleiter sind.

In die eigene Begrenztheit einwilligen. Schwierige Menschen kann man oft nicht zur Einsicht bringen. Es bleibt ein gewisses Maß an unangenehmen Erfahrungen, die man nicht umgehen kann. Keiner hat die Macht, immer für Gerechtigkeit zu sorgen, immer souverän zu reagieren oder der Wahrheit immer zum Sieg zu verhelfen. Auch angesichts solcher Erfahrungen zeigt sich, ob Menschen ihr Ego überdehnt haben. Manche Menschen haben von sich ein idealisiertes Bild aufgebaut. Sie halten sich für souverän, sozial kompetent, durchsetzungsfähig und zugleich verständnisvoll und hilfsbereit. Ein solches Bild bekommt im Umgang mit schwierigen Menschen Risse. Bescheidene Menschen dagegen können mit Teilerfolgen leben und auch akzeptieren, wenn ein schwieriger Mensch ihre Möglichkeiten einmal überfordert. Das fröhliche Einwilligen in die eigene Begrenztheit entspannt. Es schützt vor Stresssymptomen wie Anspannung und Schlaflosigkeit, die sich bei der Konfrontation mit schwierigen Menschen häufig einstellen. Die Quelle des Stresses besteht in dem Anspruch, die Situation souverän zu meistern und auch unter schwierigsten Bedingungen den eigenen Standards gerecht zu werden. Manchmal kann man aber nur bescheidene Erfolge verbuchen. Das verkraften Menschen besser, wenn sie über etwas Demut verfügen.

Demut hilft also, nicht unter die Räder des eigenen Idealismus' und

> Der Mensch verpflichtet sich auf ein Leben des Gottvertrauens und der Nächstenliebe. Umgekehrt verpflichtet sich Gott, die dadurch entstehenden Verluste auszugleichen.

Selbstanspruchs zu geraten. Der christliche Glaube erinnert daran, dass man selbst nicht Gott ist. Menschen sind Geschöpfe eines Höheren und daher begrenzt, fehlbar und auf Ergänzung angewiesen. Dieses Bewusstsein kann zu einer Quelle von Demut werden.

Eine Frage bleibt nun noch offen. Wie steht eine Haltung der Nächstenliebe zu dem Schaden, den der Zusammenstoß mit schwierigen Menschen manchmal verursacht?

Die Beziehungsökonomie des Glaubens aus psychologischer Sicht

Der christliche Glaube gründet sich auf eine ökonomische Vernunft, von der Idealisten manchmal peinlich berührt sind. In mehr als hundert Stellen im Alten und Neuen Testament wird Menschen eine Belohnung versprochen, wenn sie sich auf einen Weg des Gottvertrauens, der Liebe und Gerechtigkeit einlassen.

„Wozu das?", fragt der Idealist. „Wozu brauche ich eine Belohnung? Warum soll ich das Gute nicht einfach tun, weil es gut ist? Meine Liebe ist doch nicht mehr selbstlos, wenn sie belohnt wird." Idealismus gehört zu den Persönlichkeitsmerkmalen von Menschen, die zum Burnout neigen. Er erschöpft sich bald an der rauen Wirklichkeit des Lebens. Die christliche Nächstenliebe dagegen verliert nie den Bezug zur Realität: Worauf ich verzichte, das habe ich zunächst nicht. Was mir jemand nimmt, ist dahin. Zeit und Mittel, die ich anderen überlasse, stehen mir nicht mehr zur Verfügung. Nächstenliebe erzeugt zunächst einmal Verluste, die nach einem Ausgleich verlangen.

Nach der christlichen Auffassung gleicht Gott die Verluste aus, die ein liebevolles Leben zuweilen mit sich bringt. Die Aussagen, in denen Jesus dies entfaltet, gehören zu den bekanntesten seiner Botschaft: „Darum sollt ihr nicht sorgen und sagen: Was werden wir essen? Was werden wir trinken? Womit werden wir uns kleiden? Nach dem allen trachten die Heiden. Denn euer himmlischer Vater weiß, dass ihr all dessen bedürft. Trachtet zuerst nach dem Reich Gottes und nach seiner Gerechtigkeit, so wird euch das alles zufallen" (aus der Bergpredigt, Mt 6, 31-33).

Hier finden wir also eine Art Geschäftsgrundlage des christlichen Lebens. Der Mensch verpflichtet sich auf ein Leben des Gottvertrauens und der Nächstenliebe. Er stellt sein Leben in den Dienst der Liebe Gottes, die auch noch dem verlorensten Menschen nachgeht. Umgekehrt verpflichtet sich Gott, die dadurch entstehenden Verluste auszugleichen.

Aber worin liegt dieser Ausgleich? Glaubende finden ihn zuallererst in ihrer Gottesbeziehung. Sie erleben eine Nähe zu Gott, die sich oft in einem Gefühl des Geliebtseins, einer Freude und einem inneren Frieden ausdrückt. Sie spüren einen Widerhall ihrer Gebete und finden in der Zwiesprache mit Gott Einsichten, die über den Horizont ihrer sonstigen Gedanken hinausgehen. Diese Erfahrungen stimmen mit der biblischen Sicht überein, dass sich ein Zugang zu Gott öffnet oder verschließt, je nachdem, ob ein Glaubender Nächstenliebe praktiziert.

Ein weiterer Ausgleich liegt für Glaubende im gelingenden Leben, das nach biblischer Sicht im Segen Gottes seine Quelle hat: gelingende Beziehungen, ein guter Ertrag der eigenen Arbeit, ein positives Lebensgefühl, Sinnerfüllung und eine Versorgung der menschlichen Grundbedürfnisse über das notwendige Maß hinaus. Für den statistischen Zusammenhang zwischen einem so verstandenen Segen und der Nächstenliebe gibt es meines Wissens keine wissenschaftlichen Beweise. Aber immerhin bezeugen Christen in allen Jahrhunderten und auf der ganzen Welt, dass sie für die Opfer der Nächstenliebe einen Ausgleich finden, wie ich ihn oben beschrieben habe. Diese Gedanken gelten für Glaubenserfahrungen in zivilen Gesellschaften. Für Christen, die wegen ihres Glaubens inhaftiert, gefoltert und getötet werden, geht diese Rechnung natürlich nicht auf. Sie beziehen die Kraft für ihre opferbereite Liebe allein aus der Auferstehungshoffnung.

Jesus entfaltet in seiner Lehre auch die Logik, die der Vergebung zugrunde liegt. Er hat sie sogar ins Vaterunser eingeprägt: „Und vergib uns unsere Schuld, wie auch wir vergeben unsern Schuldigern" (Mt 6,12). Je mehr ein Mensch seine eigenen Abgründe kennenlernt, desto besser kann er ermessen, wie überwältigend Gottes Angebot der Vergebung ist. Aus ihm erfolgt aber auch die Verpflichtung, seinen Mitmenschen zu vergeben.

Vergebung hat dabei zwei Aspekte. Zum einen verzichtet sie darauf, gegenüber dem Schuldigen als Rächer, Ankläger oder Richter aufzutreten. Ob und wie eine Strafe erfolgt, überlässt sie Gott. Hierbei geht es freilich um den existenziellen Aspekt der Schuld. Einen Straftäter wird man meist trotz Vergebung anzeigen, schon um die Gefahr der Wiederholung zu vermeiden. Doch die Strafe, die Richter verhängen können, wird der existenziellen Schuld des Täters ohnehin nie gerecht. Opfer eines Gewaltverbrechens zum Beispiel müssen die gerichtliche Strafe immer als läppisch empfinden.

Ein zweiter Aspekt der Vergebung schließt die Bereitschaft ein, sich mit einem einsichtigen Schuldigen zu versöhnen und der Beziehung eine neue Chance zu geben. Nirgends fordert die Bibel auf, sich uneinsichtigen Menschen erneut auszuliefern. Vergebung schließt mit der Schuld eines andern ab, auch wenn die Rechnung zwischenmenschlich nicht aufgeht. Sie macht frei, schlechte Erfahrungen hinter sich zu lassen, und findet ihren Ausgleich in Gottes vergebender Liebe und in der Hoffnung auf Gottes Gerechtigkeit.

> Je mehr ein Mensch seine eigenen Abgründe kennenlernt, desto besser kann er ermessen, wie überwältigend Gottes Angebot der Vergebung ist.

Die Empfehlungen in den vorangegangenen Kapiteln erfordern keinen Glauben. Sie stützen sich auf die Psychologie schwieriger Menschen und auf Strategien, die Fachleute für den Umgang mit ihnen entwickelt haben. Doch wenn man glaubt, darf der Glaube nicht wehrlos machen, sondern muss auch konfrontative Wege der Liebe gehen. Dann kann er dem Thema dieses Buches eine existenzielle Grundlage geben. Eine gesunde Bescheidenheit und eine gesunde Opferbereitschaft mildern zwischenmenschlichen Stress. Sie entschärfen Kämpfe und locken Menschen aus dem Rückzug. Wer sich von Gott beschenkt weiß, verkraftet Opfer besser, die der Umgang mit schwierigen Menschen manchmal erfordert.

Nachwort

Manche Lebensphasen haben mich gehäuft mit schwierigen Menschen konfrontiert. Das hat mich herausgefordert; eine Auswirkung hat mich aber besonders erschreckt: Zeitweise war mein Vertrauen in Beziehungen erschüttert. Ich begegnete anderen mit der misstrauischen Erwartung, dass sie bald ihre dunklen Seiten zeigen. Menschen, bei denen es gar nicht notwendig war, begegnete ich übervorsichtig. Vielleicht ist das eine der schlimmsten Folgen, die eine Konfrontation mit schwierigen Menschen haben kann. Sie greift auch das Vertrauen in gute Beziehungen an. Dieses muss sich dann in der Begegnung mit solchen Menschen erneuern, die unkompliziert, angenehm und großzügig sind. Gute Beziehungen sind ein wichtiger Rückhalt, um auch eine schwierige Beziehung durchzustehen.

Rein statistisch ist die Chance groß, auf angenehme Menschen zu treffen. Bei der Frage, wie viele Menschen schwierig sind, können wir uns an der Häufigkeit von Persönlichkeitsstörungen orientieren. Wenn schwierige Persönlichkeitszüge so ausgeprägt sind, dass sie einem Menschen und seinen Bezugspersonen zu schaffen machen, spricht man von einer Persönlichkeitsstörung. Sie betreffen etwa zehn Prozent der Bevölkerung. Das schätzen Studien zur Verbreitung psychischer Störungen[6]. Die diagnostische Kategorie der Persönlichkeitsstörungen deckt sich allerdings nicht ganz mit den schwierigen Persönlichkeiten, die in diesem Buch beschrieben sind. Manche Menschen erfüllen die diagnostischen Kriterien einer Persönlichkeitsstörung, bringen sich aber dennoch weitgehend positiv in ihr Umfeld ein. Andere erfüllen die Kriterien nicht, verhalten sich aber ausgesprochen unangenehm. Die Achse des Bösen verläuft also nicht parallel zu den diagnostischen Grenzlinien der Psychologie. Trotzdem erscheint mir eine Größenordnung von etwa zehn Prozent als realistische Schätzung, mit welcher Wahrscheinlichkeit Ihnen die Charaktere dieses Buches begegnen.

---

6 Zum Beispiel für Deutschland: Maier W, Lichtermann D, Klingler T, Heun R. (1992) Prevalences of personality disorders (DSM-III-R) in the community. J Personal Disord 6. S. 187-196.

Die Zahl zeigt: Es ist kaum möglich, schwierigen Menschen zu entgehen. Andererseits bleiben mehr als genug Menschen, um angenehme Beziehungen zu pflegen.

Eine Nebenwirkung vieler Psychotherapien, die ich durchführe, besteht darin, dass Menschen ihre Beziehungen neu ordnen. Sie geben guten Beziehungen mehr Raum. Sie klären ihre schwierigen Beziehungen. Ein Teil dieser verwandelt sich in angenehmere Kontakte, in anderen Beziehungen gehen Betroffene auf Abstand. Diese Verbesserung der Beziehungsqualität bedeutet einen Gewinn an Glück, Frieden und Entspannung.

Daher hoffe ich, dass Sie nun früher erkennen können, welche Menschen schwierig sind. Dann werden Sie sich bewusst entscheiden, auf wie viel Nähe und Zusammenarbeit Sie sich einlassen. Allerdings haben wir alle blinde Flecken und bei bestimmten Menschen bemerken wir erst spät, wie sehr wir uns bereits in eine schwierige Beziehung verstrickt haben. Doch genauso, wie wir nach einer Virusinfektion gegen den Erreger Antikörper bilden und immun werden, trainieren auch schwierige Begegnungen unser seelisches Immunsystem. Auf eine ähnliche Situation werden wir später viel geistesgegenwärtiger reagieren. Auch das ist eine Erfahrung, die das Vertrauen in Beziehungen stärken kann: „Inzwischen kann ich mich vor schwierigen Menschen besser schützen und mit manchen habe ich sogar in ein gutes Miteinander gefunden."

> Gute Beziehungen sind ein wichtiger Rückhalt, um auch eine schwierige Beziehung durchzustehen.

Vielleicht haben Sie an manchen Stellen Beispiele aus Ehesituationen vermisst. Mit diesen habe ich mich zurückgehalten und zwar aus folgendem Grund. Ein wichtiger Hebel im Umgang mit schwierigen Menschen besteht in der Möglichkeit, den Kontakt und die Zusammenarbeit einzuschränken. Dieser Hebel steht in Ehen nicht zur Verfügung, wenn sich ein Partner an ein christliches Eheversprechen gebunden fühlt oder um der Kinder willen eine Trennung ausschließt. Umso schamloser verhalten sich schwierige Menschen in Ehen, in denen sie keine Konsequenzen fürchten müssen. Hier einen Hebel für Veränderung zu finden, erfordert noch andere Ansätze als die, die in diesem Buch beschrieben sind.

Einige Anregungen dazu finden Sie in meinem Buch „Liebe lässt sich lernen", auch wenn schwierige Partner dort nicht im Mittelpunkt stehen. Hilfen für Ehepartner extrem selbstbezogener Menschen gibt Wendy Beharys Ratgeber „Der Feind an Ihrer Seite" (eine unglückliche Übertragung des amerikanischen Originaltitels *Disarming the Narzissist*). Beide Bücher sind im Literaturverzeichnis aufgeführt. Dennoch können Strategien aus den vorangegangenen Kapiteln das Leben mit einem schwierigen Partner erleichtern.

Möglicherweise haben Sie in einem der Typen eigene Verhaltensweisen wiederentdeckt. Sind Sie nun ein schwieriger Mensch? Wahrscheinlich nicht. Alle Menschen setzen unter Stress Schutzmechanismen ein. Die meisten Menschen erkennen aber ihre Überreaktion, korrigieren sich selbst

> Schwierige Begegnungen trainieren unser seelisches Immunsystem.

oder lassen sich von anderen korrigieren. Sobald der Stress nachlässt, suchen sie positive Möglichkeiten, um an ein Problem heranzugehen. Hier liegt der Unterschied zu schwierigen Menschen. Ihnen fehlen die Einsicht, die Korrekturbereitschaft und positive Alternativen zu ihren schwierigen Verhaltensweisen. Daher eignet sich das Buch leider nicht, um schwierige Menschen zu überführen. Sie blicken in die Kapitel wie in einen blinden Spiegel.

Schwierige Menschen machen nur einen kleinen Teil meiner Patienten aus. Viel häufiger kommen Patienten, die unter diesen leiden. Wenn ich mit schwierigen Menschen arbeite, gelingt es meist rasch, mit ihnen eine gute Beziehung aufzubauen – mithilfe der hier vorgestellten Strategien. Sie von ihrer Selbsttäuschung zu befreien, erfordert dagegen viel Zeit. Die Heilung einer Persönlichkeitsstörung benötigt Geduld, eine hohe Dosis Wertschätzung und kleine Dosen ehrlicher Konfrontation – wenn es nicht unprofessionell klänge, müsste man sagen: Liebe.

Literatur

Amelang, Manfred (2010): Differentielle Psychologie und Persönlichkeitsforschung. Kohlhammer Verlag, Stuttgart.

Behary, Wendy T. (2009): „Der Feind an Ihrer Seite". Wie Sie im Umgang mit Egozentrikern überleben und wachsen können. Junfermann Verlag, Paderborn.

Berckhan, Barbara (1999): Die etwas intelligentere Art, sich gegen dumme Sprüche zu wehren: Selbstverteidigung mit Worten. Kösel Verlag, München.

Berckhan, Barbara (2012): Wie Sie anderen den Stachel ziehen, ohne sich zu stechen. Gräfe und Unzer Verlag, München.

Berger, Jörg (2008): Das 9 x 1 des Charakters. Gottes Bild von mir entdecken. Verlag der Francke-Buchhandlung GmbH, Marburg.

Berger, Jörg (2013): Liebe lässt sich lernen. Wege zu einer tragfähigen Paarbeziehung. Verlag Springer Spektrum, Heidelberg.

Bernstein, Albert J. (2012): Emotional Vampires. Dealing with People Who Drain You Dry. McGraw-Hill Publ., New York.

Braiker, Harriet B. (2013): Giftige Beziehungen. Wenn andere uns krank machen. S. Fischer Verlag, Frankfurt am Main.

Bramson, Robert M. (1988): Coping with Difficult People. Random House Publ., New York.

Canetti, Elias (2012; 1974): Der Ohrenzeuge. 50 Charaktere. Fischer Taschenbuch Verlag, Frankfurt am Main.

Chapman, Gary D. (2012): Die andere Seite der Liebe: Ärger, Wut und Zorn; wie „negative" Gefühle zur positiven Kraft werden. Brunnen Verlag, Gießen.

Fiedler, Peter (2012): Persönlichkeitsstörungen. Beltz Verlag, Weinheim.

Gordon, Thomas (2013): Gute Beziehungen. Wie sie entstehen und stärker werden. Klett-Cotta Verlag, Stuttgart.

Grabe, Martin (2007): Lebenskunst Vergebung. Verlag der Francke-Buchhandlung GmbH, Marburg.

Hinsch, Rüdiger, und Pfingsten, Ulrich (2007): Gruppentraining sozialer Kompetenzen. Beltz Verlag, Weinheim.

Hinsch, Rüdiger, und Pfingsten, Ulrich (2012): Soziale Kompetenz kann man lernen. Beltz Verlag, Weinheim.

Hirigoyen, Marie-France (2011): Die Masken der Niedertracht. Seelische Gewalt im Alltag und wie man sich dagegen wehren kann. Deutscher Taschenbuch Verlag, München.

Jacob, Gitta, und Arntz, Arnoud (2011): Schematherapie in der Praxis. Beltz Verlag, Weinheim.

König, Karl (1999): Kleine psychoanalytische Charakterkunde. Vandenhoeck und Ruprecht, Göttingen.

Lelord, François, und André, Christophe (2011): Der ganz normale Wahnsinn. Vom Umgang mit schwierigen Menschen. Rheda-Wiedenbrück Verlag, Gütersloh.

Riemann, Fritz (1961): Grundformen der Angst. Eine tiefenpsychologische Studie. Ernst Reinhard Verlag, München.

Rohr, Richard und Ebert, Andreas (1989): Das Enneagramm. Die neun Gesichter der Seele. Claudius Verlag, München.

Saum-Aldehof, Thomas (2007): Big Five. Sich selbst und andere erkennen. Patmos Verlag, Düsseldorf.

Schmitz, Bernd (2002): Kognitive Verhaltenstherapie bei Persönlichkeitsstörungen und unflexiblen Persönlichkeitsstilen. Pabst Sience Publ., Lengerich.

Wöller, Wolfgang und Kruse, Johannes (2005): Tiefenpsychologisch fundierte Psychotherapie. Schattauer Verlag, Stuttgart.

Young, Jeffrey E. (2012): Kognitive Therapie der Persönlichkeitsstörungen. Ein schemafokussierter Ansatz. Dgvt Verlag, Tübingen.

Young, Jeffrey E. (2008): Schematherapie. Ein praxisorientiertes Handbuch. Junfermann Verlag, Paderborn.

Anhang

Einschätzung der Fallbeispiele von Seite 153f.

Fallbeispiel 1 – Der Menschenformer: Frederic kombiniert abwertendes und grenzüberschreitendes Verhalten.

Fallbeispiel 2 – Der Nutznießer: Harald kombiniert blendendes Verhalten mit der Versorgungsbedürftigkeit von Energieräubern. Man könnte rein vom Fallbeispiel her allerdings auch an eine Kombination von blendendem und vermeidendem Verhalten denken, wenn hinter der Arbeitslosigkeit ein angstgeleitetes Vermeidungsverhalten steht. (Dieses Beispiel soll natürlich keine Vorurteile schüren. Es gibt triftige Gründe, die Menschen an einer Berufsausübung hindern.)

Fallbeispiel 3 – Die Dauerrednerin: Gisela sucht in kindlicher Weise Aufmerksamkeit, Nähe und Vergewisserung, wie es Energieräuber tun. Gleichzeitig vermeidet sie eine echte Beziehung, in der sie den Ansichten und dem Rat anderer ausgesetzt wäre. So kann sie zumindest oberflächlich emotionale Bedürfnisse befriedigen, ohne sich auf Nähe und Beziehung einlassen zu müssen – ein Verhaltensmuster, das Energie raubende und vermeidende Verhaltensweisen kombiniert.

Fallbeispiel 4 – Der Ermittler: Heiner ist wie Vermeider von Angst getrieben. Doch die vermeiden erst, wenn Unangenehmes auf sie zukommt. Heiner geht vorbeugend vor und will das Bedrohliche aufspüren, bevor es ihn erwischt. Doch dazu muss er nachfragen, verdächtigen, verhören – alles Verhaltensweisen, die von anderen als unangenehme Grenzüberschreitungen erlebt werden.

Fallbeispiel 5 – Die Verstummende: Eva vermeidet mit ihrem Schweigen einerseits einen offenen Konflikt, andererseits straft sie ihren Vorgesetzten mit ihrer Verschlossenheit. Dieser ist einer äußerst unangenehmen Spannung ausgesetzt und muss sich wie ein Unmensch fühlen, der seine Mitarbeiterin zum Verstummen bringt. Evas Muster kombiniert also vermeidende und rächende Verhaltensweisen.

Zitierweise der Bibelstellen

Beispiel: Joh 3,16 - Johannesevangelium, Kapitel 3, Vers 16

Mt - Matthäusevangelium

Mk – Markusevangelium

Lk – Lukasevangelium

Joh – Johannesevangelium

Phil – Brief des Paulus an die Philipper

Die Zitate sind der Lutherbibel entnommen, in der aktualisierten Übersetzung von 1984.

Ein weiteres Buch von Jörg Berger

Meine Stacheln
Wie Sie Ihre Schwächen entschärfen
ISBN 978-3-86827-530-8
206 Seiten, Paperback

Unter Stress fahren wir unsere Stacheln aus. Wir verletzen die Gefühle anderer. Wir machen anderen Angst oder enttäuschen sie. Selbst den Menschen, die wir mögen, machen wir manchmal das Leben schwer. Jörg Berger zeigt bewährte Wege, auf denen Sie Ihre Stacheln erkennen, entschärfen und allmählich entbehrlich machen.

»Meine Stacheln« ist die perfekte Ergänzung zu dem Bestseller »Stachelige Persönlichkeiten. Wie Sie schwierige Menschen entwaffnen«, der sich unter anderem drei Monate lang in den Top 10 der Idea-Bestsellerliste befand.

Das Arbeitsbuch

JÖRG BERGER

Wenn es stachlig wird
Wie Sie schwierige Menschen entwaffnen
und die eigenen Schwächen entschärfen
ISBN 978-3-86827-577-3
154 Seiten, Paperback

Mit den Bestsellern „Stachlige Persönlichkeiten" und „Meine Stacheln" sind schon viele Leser in die abgründige Welt der Stacheln eingetaucht. Dieses Arbeitsbuch gibt Ihnen praktische Hilfen an die Hand, wie Sie schwierige Menschen in Ihrem Umfeld entwaffnen und ggf. eigene Schwächen entschärfen können.
Steckbriefe bieten einen schnellen, kompakten Überblick, Fragebögen erleichtern die Analyse eigener Erfahrungen und Arbeitsblätter ermöglichen es, konkrete Lösungen zu erarbeiten. Die Materialien eignen sich sowohl für das Selbststudium als auch für den Austausch zu zweit oder in Gesprächsgruppen. Sie ermöglichen es Ihnen, mit stachligen Menschen künftig besser zurechtzukommen und sich persönlich weiterzuentwickeln.